D1618695

FINANCE
D'ENTREPRISE

LES ESSENTIELS
DE LA GESTION

COLLECTION DIRIGÉE PAR
G. CHARREAUX / P. JOFFRE
G. KŒNIG

FINANCE
D'ENTREPRISE

GÉRARD CHARREAUX

PROFESSEUR À L'UNIVERSITÉ DE BOURGOGNE
DOYEN DE LA FACULTÉ
DE SCIENCES ÉCONOMIQUES ET DE GESTION

LIBRAIRE DE LA COUR DE CASSATION
27, PLACE DAUPHINE - 75001 PARIS

Dans la même collection

— JOFFRE (P.), KOENIG (G.). — *Gestion stratégique : l'entreprise, ses partenaires-adversaires et leurs univers.*
— MICALLEF (A.). — *Le marketing : fondements techniques, évaluation.*
— NAVATTE (P.). — *Instruments et marchés financiers.*
— URBAN (S.). — *Management international.*

Le logo qui figure sur la couverture de ce livre mérite une explication. Son objet est d'alerter le lecteur sur la menace que représente pour l'avenir de l'écrit, tout particulièrement dans le domaine du droit, d'économie et de gestion, le développement massif du photocopillage.

Le Code de la propriété intellectuelle du 1er juillet 1992 interdit en effet expressément la photocopie à usage collectif sans autorisation des ayants droit. Or, cette pratique s'est généralisée dans les établissements d'enseignement supérieur, provoquant une baisse brutale des achats de livres, au point que la possibilité même pour les auteurs de créer des œuvres nouvelles et de les faire éditer correctement est aujourd'hui menacée.

ISBN 2-7111-2343-X   ISSN 1242-6253

INTRODUCTION

Champ et contenu de la finance d'entreprise

Le champ de la finance d'entreprise comprend deux grands types de décisions, *l'investissement et le financement.* Autrement dit, la fonction financière se préoccupe de la recherche et de l'allocation des ressources financières. L'objectif poursuivi est la *création de valeur* ou sous une forme équivalente, l'enrichissement des actionnaires. Il y a création de valeur dans la mesure où la rentabilité des investissements est supérieure au coût des ressources qui leur sont allouées.

Les décisions les plus fondamentales qui conditionnent la création de valeur sont de nature stratégique ; elles déterminent notamment la composition du portefeuille d'activités de l'entreprise. Comparativement, les décisions financières ont principalement un rôle de contrôle et d'accompagnement. La quantification financière des décisions stratégiques permet d'assurer leur cohérence avec l'objectif poursuivi. Les outils financiers permettent notamment de juger de la rentabilité des investissements et de vérifier que les équilibres garantissant la pérennité de l'entreprise sont respectés. Par ailleurs, la mise en œuvre de la stratégie et des politiques qui lui sont associées, nécessite des ressources financières (tant à long qu'à court terme) que la fonction financière est chargée de fournir.

Le contenu de la finance d'entreprise a été profondément renouvelé au cours des deux dernières décennies à la suite du développement très important des marchés financiers et de l'évolution des techniques et de la recherche financières. Initialement, peu structurée et principalement fondée sur des bases comptables et juridiques, elle n'offrait qu'un ensemble de recettes pratiques et de techniques rudimentaires. Aujourd'hui, la finance d'entreprise s'appuie sur une théorie financière très féconde qui a permis le développement de nombreux outils, mais qui surtout offre un cadre de raisonnement, appuyé sur deux dimensions principales : *la rentabilité et le risque.* Ces deux dimensions constituent l'ossature du raisonnement financier et sont à la base de ce manuel.

Les principes de conception du manuel

Ce manuel est un *ouvrage d'introduction* à la finance d'entreprise ; il s'adresse en particulier, à des étudiants débutant dans le domaine financier. Plusieurs préoccupations ont prévalu dans sa conception :

- privilégier la *compréhension du raisonnement financier* relativement à l'apport de connaissances, à la description de techniques ou à la présentation de recettes ;

- donner une *vue unifiée de la finance d'entreprise,* où le diagnostic financier est traité selon les mêmes principes que les décisions d'investissement et de financement et où la gestion financière à court terme s'inscrit dans le cadre défini par la gestion financière à long terme ;

- présenter les composantes *essentielles* de la finance d'entreprise ce qui nous a conduit (compte tenu de la taille réduite de l'ouvrage) à faire l'impasse sur des thèmes plus spécialisés, tels par exemple que la finance internationale ou les prises de contrôle ;

- ne pas requérir des lecteurs de connaissances préalables en matières comptable, fiscale ou juridique autres que les connaissances élémentaires ;

- ne pas faire référence à des données reflétant l'actualité économique et se périmant rapidement. Par exemple, le taux de l'impôt sur les bénéfices utilisé dans les exemples est volontairement de 40 %, même si le taux est désormais de 33 1/3 % ;

- réduire au maximum les présentations formalisées et omettre dans le corps du texte les démonstrations des relations fondamentales, de façon à privilégier une lecture axée sur l'interprétation économique. Aucune compétence mathématique autre qu'élémentaire n'est requise pour aborder cet ouvrage ;

- permettre un passage aisé à des ouvrages de finance plus complexes ou plus spécialisés.

Plan de l'ouvrage

Ce manuel comprend quatre parties.

La première partie porte sur les fondements de la finance d'entreprise et comprend un seul chapitre qui permet de décrire le circuit financier fondamental et d'introduire la logique des décisions financières, fondée sur les notions de rentabilité et de risque.

Cette logique permet de présenter le diagnostic financier en seconde partie en fonction de deux axes : le diagnostic de la rentabilité (chapitre 1) et le diagnostic du risque (chapitre 2).

La décision d'investissement et les méthodes d'évaluation sont étudiées en troisième partie. Le chapitre 1 consacré à la décision d'investissement conduit à présenter les principaux critères de choix et les principes de gestion des investissements. La notion fondamentale de coût moyen pondéré du capital, ainsi que les principales modalités permettant de mesurer le coût des différentes sources de financement, sont développées dans le chapitre 2. Enfin, la problématique de l'évaluation des entreprises fait l'objet du chapitre 3.

La quatrième partie est consacrée à la gestion financière tant à long terme (chapitre 1) qu'à court terme (chapitre 2). Le chapitre 1 permet de décrire les principaux modes de financement à long terme et de traiter de la planification financière à long terme et de la gestion du risque de taux. Enfin, la gestion des actifs circulants, la description des modes de financement et de placement à court terme, et la planification financière à court terme sont traitées dans le chapitre 2.

En fin d'ouvrage, un glossaire des termes essentiels ainsi qu'un index détaillé facilitent une recherche rapide des différents concepts financiers. Enfin, la bibliographie réduite est composée d'ouvrages généraux et spécialisés qui permettent d'approfondir certains des points présentés ou de découvrir des aspects complémentaires.

PREMIÈRE PARTIE

LES FONDEMENTS DE LA FINANCE D'ENTREPRISE

le circuit
financier
fondamental

L'objectif de ce chapitre introductif est de présenter les décisions financières en interaction avec les attentes des différents agents économiques. L'entreprise est en concurrence sur le marché des capitaux ; elle doit prendre en compte et satisfaire les attentes des offreurs de fonds (actionnaires et créanciers financiers) pour pouvoir assurer le financement de son développement, voire sa survie. Ces attentes s'établissent en termes de *rentabilité* et de *risque* ; ces deux notions constituant le soubassement de la logique des décisions financières.

Après avoir décrit le circuit financier fondamental dans une première section, les décisions d'investissement et de financement seront présentées en section II. Les sections III et IV seront respectivement consacrées à la présentation des différents agents intervenant dans le circuit financier et à celle des cycles d'opération.

▬▬▬▬▬▬▬▬▬▬▬▬▬▬▬▬▬▬▬▬▬ section I
la description du circuit

▬ § 1. — le schéma représentatif du circuit

Les décisions financières qui caractérisent le domaine de la finance d'entreprise peuvent être représentées sous forme d'un *circuit financier* (V. figure 1.1, p. 9).

▬ § 2. — les différents flux de liquidités

Ce circuit permet de mettre en évidence les *flux de liquidités* résultant des différentes décisions financières.

Dans une première phase (1), des agents économiques disposant de liquidités, apportent à l'entreprise les fonds nécessaires à la réalisation des opérations d'investissement. Il y a confrontation d'une *demande de liquidités* issue de l'entreprise et d'une *offre de liquidités* émanant des apporteurs de capitaux. Le *marché des capitaux* constitue le lieu de rencontre de cette offre et de cette demande. En contrepartie, l'entreprise « émet » des titres (*actifs financiers*), qui sont soit des *titres de propriété* (des actions pour les sociétés), soit des *titres de créance*. Le marché des capitaux est par conséquent est également un marché résultant d'une confrontation d'une *offre et d'une demande de titres*. Les opérations de

figure 1.1

le circuit financier

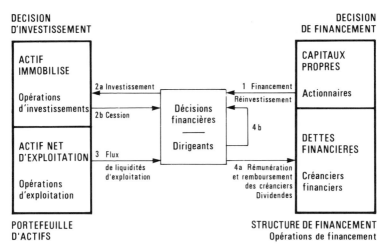

collecte de capitaux constituent les *opérations de financement*, le financement ayant dans ce cas une origine externe.

Dans une seconde phase (2a), les dirigeants de l'entreprise décident de l'allocation des fonds collectés, en procédant à l'acquisition d'actifs : il s'agit du flux lié à *l'opération d'investissement*. Les actifs acquis peuvent être soit des *actifs industriels* ou *commerciaux*, soit des *actifs financiers* émis par d'autres entreprises ou par des institutions financières. L'entreprise peut ultérieurement céder ces différents actifs et recevoir en contrepartie un flux de liquidités : le *flux de désinvestissement* (2b).

L'investissement en actifs industriels et commerciaux est réalisé en vue d'obtenir ultérieurement des flux de liquidités (3) provenant des *opérations d'exploitation* (achat, production, vente), dont l'accomplissement implique l'acquisition ou la création d'*actifs d'exploitation* détenus de façon accessoire (stocks, créances clients…). Ces actifs sont financés en partie par le crédit obtenu auprès des fournisseurs d'exploitation. Les flux de liquidités résultant des opérations d'exploitation sont complétés par les flux provenant des actifs financiers (titres de participation, titres de placement).

Les *flux de liquidités d'exploitation*, augmentés éventuellement des flux provenant des actifs financiers et du désinvestissement et diminués des prélèvements fiscaux sont soit utilisés pour rémunérer (sous forme d'intérêts) et rembourser les créanciers financiers (4a), soit versés aux actionnaires sous forme de dividendes (4a), soit encore réinvestis dans l'entreprise (4b). Les opérations de rémunération et de remboursement relèvent également de la catégorie des opérations de financement car elles résultent des décisions principales de collecte des capitaux. L'opération de réinvestissement des flux constitue simultanément une opération d'investissement et ·de financement (*financement interne* ou *autofinancement*).

■ § 3. — les décisions financières : investissement et financement

Les décisions financières prises par les dirigeants de l'entreprise sont classées en deux catégories :
- les *décisions d'investissement* (et de *désinvestissement*) relatives à la constitution et à la gestion du *portefeuille d'actifs* ;
- les *décisions de financement* qui déterminent la *structure de financement*.

Quatre catégories d'agents économiques interviennent dans ces décisions : les actionnaires, les dirigeants, les créanciers et l'État.

section II
les décisions d'investissement et de financement

La distinction entre les décisions d'investissement et de financement constitue la base du raisonnement financier.

■ § 1. — les décisions d'investissement et de désinvestissement

A. – la décision d'investissement

Toute décision de dépense qui (1) conduit à l'acquisition d'un actif en vue de l'obtention de flux de liquidités ultérieurs et (2) a pour but d'*accroître la richesse des propriétaires de l'entreprise*, constitue un investissement. L'investissement s'oppose ainsi à la *consommation* qui implique une destruction de richesse et une perte de valeur.

L'accroissement de la *richesse des propriétaires* de l'entreprise équivaut à celui de la valeur de l'entreprise. Par ailleurs :

1) *l'accroissement de valeur signifie que l'investissement est rentable* ;

2) pour qu'il y ait création de valeur, *il faut que la rentabilité de l'investissement soit supérieure au coût de son financement.*

Cette définition très large de l'investissement permet de retenir comme investissements, tous les actifs matériels et immatériels, industriels, commerciaux ou financiers. L'objet de l'acquisition importe peu ; ce peut être un actif destiné à la production de biens et de services, mais également un actif financier détenu à des fins de spéculation.

Précisons que le critère d'acquisition ne recouvre pas nécessairement celui de la propriété juridique. Ainsi, tous les actifs loués seront considérés comme des investissements. Du point de vue financier, la location ne constitue qu'un mode de financement particulier de l'investissement.

La structure du portefeuille d'actifs qui résulte des décisions d'investissement comprend deux composantes :

1) une composante principale, les *actifs immobilisés* ou *actifs fixes* qui regroupent les immobilisations incorporelles, corporelles et financières. Ces actifs sont associés aux *opérations d'investissement* ; ils sont détenus de façon principale et le plus souvent sur une période relativement longue ;

2) une composante accessoire, les *actifs circulants* (stocks, créances d'exploitation, disponibilités) constitués des actifs nécessaires à l'accomplissement des *opérations d'exploitation*. Ils sont sujets dans la plupart des activités, à une rotation rapide. Leur détention est subordonnée à celle des actifs immobilisés, dont ils sont les accessoires ; ils doivent être pris en compte lors de la décision d'investissement. On les représente, déduction faite du montant des dettes entraînées par les opérations d'exploitation (notamment les dettes fournisseurs) ; ils constituent alors *l'actif net d'exploitation*.

La somme des deux composantes est égale à l'*actif économique* :

> Actif économique = actifs immobilisés + actif net d'exploitation

B. – le désinvestissement

La logique qui régit la décision de désinvestissement est identique à celle de la décision d'investissement. L'objectif est d'accroître la richesse des propriétaires de l'entreprise. Autrement dit, il y a désinvestissement dans la mesure où les liquidités dégagées par les cessions peuvent recevoir une affectation plus rentable, soit en étant réinvesties dans l'entreprise, soit en revenant aux apporteurs de capitaux.

■ § 2. − la décision de financement : la gestion de la structure de financement

La décision de financement recouvre trois types majeurs de décisions :

1) le *choix de la structure de financement*, c'est-à-dire de la répartition entre les capitaux apportés par les actionnaires et les créanciers financiers. Cette décision influe de façon déterminante sur le niveau de risque supporté par les actionnaires ; une augmentation de l'endettement accroît le risque pour ces derniers ;

2) la *politique de dividendes*, autrement dit, le choix entre le réinvestissement du résultat et sa distribution sous forme de dividendes ;

3) le choix entre *financement interne* (autofinancement) et *externe* (fonds apportés par les actionnaires ou dettes financières).

La structure de financement qui résulte des décisions financières, comporte deux rubriques : les capitaux propres et les dettes financières. L'ensemble capitaux propres et dettes financières constitue le *pool de ressources*.

Les dettes financières excluent par définition les dettes rattachées aux opérations d'exploitation (par exemple les dettes contractées auprès des fournisseurs). Elles correspondent aux dettes qui font l'objet d'une rémunération explicite sous forme de frais financiers, fixée contractuellement.

■ § 3. − la représentation schématique du bilan financier

La structure du bilan financier qui résulte des décisions d'investissement et de financement est fondée sur trois catégories d'opérations : investissement, exploitation et financement.

Compte tenu de l'égalité de l'actif et du passif, l'actif économique est égal à la somme des capitaux propres et des dettes financières :

> Actif économique = capitaux propres + dettes financières

figure 1.2

le bilan financier

ACTIF ÉCONOMIQUE	ACTIF IMMOBILISE (immobilisations nettes incorporelles, corporelles et financières)	CAPITAUX PROPRES	PASSIF FINANCIER
	ACTIF NET D'EXPLOITATION (actif circulant moins dettes d'exploitation)	DETTES FINANCIÈRES (emprunts à long et moyen terme et concours bancaires courants)	

section III

les différentes catégories d'agents

Quatre catégories d'agents économiques interviennent dans le déroulement des opérations financières : les actionnaires, les dirigeants, les créanciers et l'État.

§ 1. – les actionnaires

Les actionnaires sont les détenteurs des titres de propriété de l'entreprise en supposant que ces derniers revêtent la forme d'actions. Ils ont pour rôle économique d'assumer le *risque résiduel* caractérisant le profit final, leur rémunération étant déterminée par l'évolution du résultat de l'entreprise. Ils recherchent la rémunération maximale de leur apport, compte tenu du *risque* qu'ils encourent ou de façon strictement équivalente la maximisation de la valeur de leurs titres. Si l'action est cotée, le risque s'apprécie en fonction de l'évolution des cours. La rémunération dépend de deux facteurs aléatoires : le dividende et l'évolution de la valeur du titre.

Le caractère risqué de la valeur du titre dépend :

1) de l'évolution de l'environnement économique qui détermine le *risque de marché* ou *risque systématique*, lequel affecte l'ensemble des entreprises ;

2) de la politique suivie par l'entreprise en matière d'investissement et de financement qui conditionne le *risque spécifique* à l'entreprise.

La nature du risque peut être également précisée en distinguant le risque d'exploitation lié à la politique d'investissement et les risques financier et de faillite déterminés par la politique de financement. Le *risque d'exploitation* est issu des fluctuations du résultat d'exploitation, liées aux opérations d'exploitation. L'endettement accroissant les fluctuations du résultat final, cette source supplémentaire de risque pour les actionnaires est qualifiée de *risque financier*. Enfin, le *risque de faillite* ou *d'illiquidité* résulte de l'incapacité de l'entreprise à faire face aux décaissements entraînés par les dettes financières.

La rentabilité exigée par les actionnaires dépend du risque qu'ils encourent. Une entreprise qui présente de par sa politique financière un risque plus important devra offrir en contrepartie une rentabilité plus élevée si elle souhaite recueillir des capitaux auprès des actionnaires, qu'ils soient anciens ou nouveaux.

Compte tenu de la typologie des risques retenue, le taux de rentabilité requis par un actionnaire pour investir dans une entreprise a la composition suivante :

Taux requis sur capitaux propres = taux sans risque + prime de risque d'exploitation + prime de risque financier + prime de risque de faillite

---

Le *taux sans risque* correspond au taux de rentabilité procuré par un placement sans risque tel que par exemple, une obligation émise par l'État ou un bon du Trésor.

■ § 2. – les dirigeants

Dans les petites et moyennes entreprises (PME), il y a fréquemment confusion entre les personnes des dirigeants et des actionnaires. L'objectif du dirigeant rejoint alors celui de l'actionnaire. Toutefois, dans ce cas, le dirigeant perçoit d'une part, un salaire pour sa fonction de direction et d'autre part, une autre rémunération en tant qu'actionnaire. L'absence très fréquente de distribution de dividendes dans les PME, ne signifie pas que le rôle d'actionnaire ne soit pas rémunéré. La rémunération du capital investi prend alors souvent la forme d'un sursalaire ; le dirigeant perçoit une rémunération supérieure à celle qu'il aurait perçue en tant que salarié, ou d'avantages en nature divers.

Dans les grandes entreprises, les dirigeants sont les *agents*, les mandataires des actionnaires qui leur confient le soin de gérer l'entreprise. Bien que leur objectif prioritaire soit de conserver leurs fonctions de direction, ils sont censés diriger conformément à l'intérêt des actionnaires qui disposent de différents moyens pour contrôler leur gestion.

■ § 3. — les créanciers

Les créanciers sont respectivement des *créanciers d'exploitation* ou *d'investissement*, si leurs créances sont liées aux opérations d'exploitation ou aux opérations d'investissement réalisées par l'entreprise. Ces types de créanciers toutefois, ne figurent pas explicitement dans la représentation de la structure de financement car leur activité principale n'est pas une opération de prêt. Seules sont considérées dans l'étude de cette structure, les décisions de financement, relatives aux contrats établis entre l'entreprise et les *créanciers financiers*.

Trois catégories principales de créanciers financiers peuvent être distinguées :

1) les *créanciers obligataires* ; leur créance revêt le plus souvent la forme d'un titre coté sur un marché et facilement négociable, l'obligation. Sauf exception, seules les grandes entreprises ont accès au marché obligataire ;

2) les banques et les différents établissements financiers qui financent la plupart des entreprises ;

3) les bailleurs ; les opérations de financement sont faites sous forme de location ou de crédit-bail (location avec option d'achat) ; elles s'analysent comme un type de prêt particulier.

L'attente des créanciers réside dans la perception de l'intérêt défini contractuellement et dans la récupération du capital prêté. N'étant pas propriétaires de l'entreprise, leur rémunération n'a pas de caractère résiduel ; autrement dit, elle n'est pas soumise à l'aléa des affaires.

Les créanciers financiers courent trois types de risque. Les deux premiers trouvent leur origine dans les variations de valeur des créances qui résultent des *fluctuations des taux d'intérêt* (risque de taux) et de la *variation du niveau des prix*. Une hausse des taux entraîne une perte d'opportunité ; les créanciers auraient pu placer leurs fonds à un taux plus élevé. Si le prêt est de nature obligataire, il s'en suit une baisse du cours de l'obligation. Une hausse du niveau des prix conduit à une perte du pouvoir d'achat du capital prêté. Certaines formes de prêt telles que les obligations à taux variable, visent à protéger les créanciers contre ces deux types de risque. Précisons que ces deux types de risque sont encourus même si le prêt se fait au taux « sans risque », par exemple en souscrivant des obligations d'État.

Le troisième type de risque est le *risque de faillite* déjà évoqué pour les actionnaires, lié à l'impossibilité pour l'entreprise de faire face aux charges de l'endettement. Dans le cadre de la relation de prêt, seule cette composante du risque est spécifique à l'entreprise et fait l'objet d'une exigence de rémunération de la part des créanciers financiers, sous forme d'une prime de risque de faillite.

■ § 4. – l'État

L'État intervient à différents niveaux du circuit financier et influence l'ensemble des décisions financières en modifiant les valeurs des variables qui fondent les calculs des agents économiques. Ses deux modes d'action privilégiés sont la fiscalité (fiscalité des entreprises, fiscalité des particuliers) et l'action sur l'offre et la demande de capitaux (contrôle des circuits des capitaux, réglementation...). Ses objectifs (lutte contre l'inflation, contre le chômage...) déterminent la politique menée.

section IV
les différents cycles d'opération

Le circuit financier comprend trois types d'opérations différentes : les opérations d'investissement (et de désinvestissement), d'exploitation et de financement, auxquelles sont associés traditionnellement trois cycles.

■ § 1. – le cycle d'investissement

Considérons une opération particulière d'investissement. L'actif acquis contribue pendant sa durée de vie à produire des flux de liquidités en vue de satisfaire les attentes des apporteurs de capitaux. Le cycle d'un investissement, qui s'identifie à sa durée de vie, se termine lorsque l'actif ne contribue plus à sécréter de flux de liquidités, soit parce qu'il est cédé, soit parce qu'il est déclassé.

L'extension de ce raisonnement à l'ensemble des investissements réalisés par une entreprise permet de définir la notion de *cycle d'investissement de l'entreprise*. On peut ainsi évaluer une durée moyenne fonction du caractère technique de l'activité, mais également de la politique de l'entreprise en matière d'investissement. Le plus souvent, le cycle est de durée élevée pour les industries fortement capitalistiques (industrie lourde).

■ § 2. — le cycle d'exploitation

Dans une entreprise de production, l'investissement a pour objet la production de biens, c'est-à-dire la réalisation d'opérations d'exploitation (achat, production, vente), auxquelles sont associés différents flux de liquidités. Le *cycle d'exploitation de l'entreprise* qui débute par les livraisons des fournisseurs et se termine par les règlements des clients, reflète l'activité moyenne, laquelle dépend des caractéristiques des différents métiers exercés par l'entreprise. La durée du cycle d'exploitation est le plus souvent longue dans les activités de production et brève dans celles de négoce et de services.

■ § 3. — le cycle de financement

Le *cycle de financement* recouvre l'ensemble des opérations qui se produisent entre l'entreprise et les apporteurs de capitaux, qu'ils soient actionnaires ou créanciers. Ce cycle constitue la *contrepartie* des cycles d'investissement et d'exploitation. Son rôle est de permettre à l'entreprise de faire face aux décalages qui surviennent entre les flux d'encaissement et de décaissement, provoqués par les opérations d'investissement et d'exploitation.

---

résumé

1) Le circuit financier met en évidence les flux de liquidités associés aux différentes décisions financières, en interaction avec les relations entre les différents agents économiques (actionnaires, dirigeants, créanciers financiers et Etat).

2) On distingue trois catégories d'opérations financières : les opérations de financement (flux liés à la collecte de capitaux et à la rémunération des apporteurs de fonds), les opérations d'investissement et de désinvestissement et les opérations d'exploitation. Le mar-

ché des capitaux est le lieu de rencontre de l'offre et de la demande de liquidités et de façon symétrique de l'offre et de la demande de titres.

3) Les dirigeants prennent deux grands types de décisions financières : les décisions d'investissement et les décisions de financement.

4) L'opération d'investissement consiste en une acquisition d'actif dont la finalité est la création de valeur. Le portefeuille d'actifs comprend une composante principale : les actifs immobilisés et une composante accessoire : l'actif net d'exploitation.

5) La décision de financement porte sur la répartition entre fonds propres et dettes financières, la distribution ou la mise en réserves des résultats, l'alternative financement interne-financement externe. La structure de financement dans le bilan financier comprend deux composantes : les capitaux propres et les dettes financières.

6) Les actionnaires sont propriétaires de l'entreprise et assument le risque résiduel. La rentabilité qu'ils requièrent est fonction des trois types de risque qu'ils encourent : risque d'exploitation, risque financier et risque de faillite. L'existence de systèmes de contrôle fait que les dirigeants gèrent conformément aux intérêts des actionnaires.

7) Les créanciers financiers sont rémunérés de façon indépendante de l'évolution des résultats. Ils courent trois types de risque liés à la fluctuation des taux d'intérêt, à la variation du niveau des prix et à la défaillance du débiteur.

8) On distingue trois cycles d'opération : le cycle d'investissement, le cycle d'exploitation et le cycle de financement.

DEUXIÈME PARTIE

LE DIAGNOSTIC FINANCIER

INTRODUCTION

Il ressort de l'analyse de la logique qui sous-tend les décisions d'investissement et de financement que le raisonnement financier est articulé autour des notions de rentabilité et de risque. La situation d'une entreprise sera jugée satisfaisante, si la rentabilité qu'elle offre à ses actionnaires compense le risque qu'ils encourent, sous toutes ses dimensions (exploitation, financier et de faillite). En conséquence, la démarche du diagnostic financier privilégie deux axes : la rentabilité et le risque (V. figure 1.0, p. 21).

Cette présentation du diagnostic financier permet de couvrir l'ensemble des objectifs poursuivis par les différents agents économiques qui éprouvent le besoin d'effectuer un diagnostic. Certes, les objectifs diffèrent selon les agents, par exemple entre les actionnaires et les créanciers, ces derniers privilégiant le risque de faillite. Ces divergences sont cependant plus apparentes que réelles ; une entreprise qui ne sécrète pas une rentabilité satisfaisante sur le long terme finira par connaître des difficultés pour honorer ses engagements vis-à-vis des créanciers financiers.

figure 1.0

la démarche du diagnostic financier

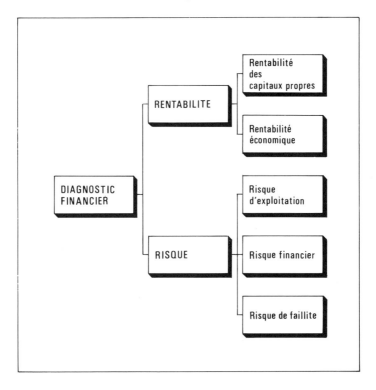

chapitre 1

le diagnostic
de la rentabilité

Bien qu'il soit relativement arbitraire d'établir une hiérarchie entre les deux axes du diagnostic financier constitués par la rentabilité et le risque, le diagnostic de la rentabilité peut être considéré comme l'axe primordial, une entreprise non rentable étant condamnée à terme.

Le diagnostic de la rentabilité doit toujours s'effectuer en faisant référence à la règle financière fondamentale selon laquelle une **entreprise rentable est une entreprise qui crée de la valeur**, c'est-à-dire qui enrichit ses actionnaires. On doit en particulier chercher à répondre à deux questions :

1) Le niveau de rentabilité est-il satisfaisant ?

2) Quels sont les facteurs qui déterminent l'évolution de la rentabilité ?

Le diagnostic de la rentabilité s'opère *a posteriori*, en fonction des réalisations et le plus souvent, compte tenu de la nature du système d'information comptable, sur la base d'une périodicité annuelle.

L'analyse de la formation de la rentabilité des capitaux propres s'appuie sur la *relation de l'effet de levier financier* dont la logique et les modalités d'utilisation seront présentées dans la première section. La seconde section sera consacrée au diagnostic de la *rentabilité économique* qui constitue la variable principale dans la détermination de la rentabilité des capitaux propres.

section I

le diagnostic de la rentabilité des capitaux propres

L'outil privilégié pour appréhender la formation de la rentabilité des capitaux propres est la relation de l'effet de levier financier. Nous allons tout d'abord en présenter la logique avant de voir comment elle peut être utilisée en matière de diagnostic et quelles sont les difficultés qui se posent dans son évaluation.

§ 1. — la relation de l'effet de levier financier

A. – le mécanisme de l'effet de levier financier

L'entreprise Raimbourg projette d'investir une somme de 1000 KF. L'investissement envisagé consiste en l'achat de la société Fontaine dont l'actif économique (symbolisé par AE) a une valeur de 1000 KF. Le taux d'un placement (ou d'un emprunt) sans risque est de 10 %. Au moment de l'investissement, deux hypothèses de résultat sont prévues pour la société Fontaine ; elles ont la même probabilité de réalisation. En cas de conjoncture favorable, le résultat avant amortissements et frais financiers serait de 440 KF et en cas de conjoncture défavorable de 160 KF. La dotation aux amortissements correspondant à la dépréciation subie par les actifs de la société est de 100 KF. Le taux de l'impôt sur les résultats est de T = 40 %.

Deux hypothèses de financement de l'acquisition sont également à l'étude :

1) l'acquisition est financée à 100 % par capitaux propres ;

2) l'acquisition est financée à 50 % par capitaux propres et à 50 % par dettes financières au taux d'intérêt de 10 %.

Évaluons la rentabilité et le risque associés à l'acquisition de cette société, en supposant que l'horizon d'investissement se réduit à une seule année.

Politique de financement 1 : Financement à 100 % par capitaux propres

Dans le cadre de cette politique, les dettes financières sont nulles et le montant de l'actif économique est égal à celui des capitaux propres, soit 1000 KF. Le compte de résultat prévisionnel de la société Fontaine pour les deux hypothèses de résultat est le suivant (V. tableau 1.1, p. 26).

Le résultat d'exploitation est sécrété par l'actif économique. Le *taux de rentabilité économique* après impôt K_a permet de mesurer la rentabilité de l'actif économique :

$$K_a = \frac{\text{Résultat d'exploitation après impôt}}{\text{Actif économique}}$$

Ce taux permet de mesurer la rentabilité globale de l'entreprise en rapportant le résultat d'exploitation corrigé de l'impôt au montant des capitaux investis, tant par les actionnaires que par les créanciers financiers. Le résultat d'exploitation doit être corrigé de l'impôt pour évaluer la somme à répartir entre actionnaires et créanciers. Ainsi, dans l'hypothèse favorable, le résultat d'exploitation avant impôt est de 340 ; en supposant un taux d'imposition de 40 %, il ne serait plus que de 340 x (1 - 40 %) = 204 après imposition. Le taux de rentabilité économique correspondant est de 204 / 1 000 = 20,4 %. Dans le cas défavorable, il chuterait à 3,6 %.

Le résultat net (après impôt) rapporté aux fonds propres permet d'évaluer la rentabilité pour les actionnaires par le *taux de rentabilité des capitaux propres* K_c :

tableau 1.1

rentabilité prévisionnelle
politique de financement intégral par capitaux propres

	Hypothèse défavorable	Hypothèse favorable
Résultat avant amortissements et frais financiers	160	440
- Dotations aux amortissements	100	100
= Résultat d'exploitation	60	340
- Frais financiers	0	0
= Résultat avant impôt	60	340
- Impôt sur les bénéfices (T = 40 %)	24	136
= Résultat net	36	204
Taux de rentabilité économique après impôt	3,6 %	20,4 %
Taux de rentabilité des capitaux propres	3,6 %	20,4 %
Coût de la dette après impôt	6 %	6 %

$$K_c = \frac{\text{Résultat net}}{\text{Capitaux propres}}$$

Par exemple, dans l'hypothèse favorable, le taux de rentabilité des capitaux propres est de 204 / 1000 = 20,4 % et dans l'hypothèse défavorable de 3,6 %.

La lecture du tableau 1.1 conduit aux conclusions suivantes :

1) lorsqu'il n'y a pas d'endettement, la rentabilité des capitaux propres est égale à la rentabilité économique. Les actionnaires sont les seuls agents qui se partagent le résultat d'exploitation après impôt ;

2) compte tenu des probabilités associées aux deux états possibles de la conjoncture qui sont égales, la *rentabilité moyenne attendue* est identique tant du point de vue de la rentabilité économique que de la rentabilité des capitaux propres :

rentabilité économique moyenne : 0,5 x 3,6 % + 0,5 x 20,4 % = 12 %

rentabilité des capitaux propres moyenne : 0,5 x 3,6 % + 0,5 x 20,4 % = 12 % ;

3) le risque attaché à l'investissement peut s'évaluer en appréciant la *variabilité* des taux de rentabilité possibles, en fonction de l'écart entre le taux favorable et le taux défavorable (1), soit dans l'exemple précédent, un écart de 20,4 % - 3,6 % = 16,8 %

---

(1) Une autre mesure du risque consisterait à considérer la variance ou l'écart-type des taux de rentabilité. Elle conduirait aux mêmes conclusions.

tant pour la rentabilité économique que pour la rentabilité des capitaux propres.

Le *risque d'exploitation* (ou *risque économique*) peut s'appréhender par la variabilité des taux de rentabilité économiques et le *risque financier* par celle des taux de rentabilité des capitaux propres. On constate que pour une politique de financement intégrale par capitaux propres, ces deux risques sont identiques, les écarts entre les taux extrêmes étant dans les deux cas de 16,8 %. Ce résultat est conforme à la logique financière. La composante purement financière du risque n'existe que s'il y a endettement. La seule source de risque pour les actionnaires dans cette politique est le risque d'exploitation ;

4) la rentabilité moyenne attendue est de 12 %, tant pour la rentabilité économique que pour la rentabilité des capitaux propres. Cette rentabilité apparaît supérieure au taux du placement sans risque qui est de 10 %. L'écart de 2 % permet de rémunérer le risque d'exploitation supporté par les actionnaires. Si cet écart est jugé suffisant par les actionnaires, l'investissement sera entrepris.

Politique de financement 2 : Financement mixte - capitaux propres et endettement

Dans cette seconde politique, les actionnaires n'apportent que la moitié des capitaux, soit 500 KF, le solde provenant des créanciers financiers sous forme d'un emprunt rémunéré au taux de 10 %. On suppose que cette rémunération est sans risque ; quel que soit l'état de la conjoncture, les créanciers reçoivent leurs intérêts.

tableau 1.2

rentabilité prévisionnelle - politique de financement mixte par capitaux propres et dette financière

	Hypothèse défavorable	Hypothèse favorable
Résultat avant amortissements et frais financiers	160	440
- Dotations aux amortissements	100	100
= Résultat d'exploitation	60	340
- Frais financiers	50	50
= Résultat avant impôt	10	290
- Impôt sur les bénéfices (T = 40 %)	4	116
= Résultat net	6	174
Taux de rentabilité économique après impôt	3,6 %	20,4 %
Taux de rentabilité des capitaux propres	1,2 %	34,8 %
Coût de la dette après impôt	6 %	6 %

L'examen des conséquences de la politique de financement mixte conduit à faire les commentaires suivants :

1) *le taux de rentabilité économique est indépendant de la structure de financement* car le résultat d'exploitation ne dépend que des caractéristiques de l'actif économique. Pour les mêmes raisons, le risque d'exploitation est indépendant de la structure de financement. Les fluctuations du résultat d'exploitation ne sont provoquées que par des événements qui n'ont pas de lien avec la politique de financement ;

2) *le taux de rentabilité des capitaux propres varie avec la structure de financement.* En cas de conjoncture favorable, le taux de rentabilité des capitaux propres progresse de 20,4 % (pour la politique de financement par capitaux propres) à 34,8 % et en cas de conjoncture défavorable, il chute de 3,6 % à 1,2 % ;

3) *le recours à l'endettement accroît simultanément la rentabilité et le risque de l'investissement pour les actionnaires.*

Sans endettement, la rentabilité moyenne attendue était de 12 % et l'écart entre les taux de rentabilité des capitaux propres de 16,8 %.

En présence d'endettement, la rentabilité des capitaux propres moyenne attendue est de :

rentabilité des capitaux propres moyenne : 0,5 x 1,2 % + 0,5 x 34,8 % = 18 %

la variabilité mesurée par l'écart entre les taux extrêmes est de 34,8 % - 1,2 % = 33,6 %. Elle a doublé par rapport à la première politique.

Le recours à l'endettement a entraîné une hausse sensible du risque financier, mais également une hausse de la rentabilité attendue qui est à présent de 18 % contre 12 % précédemment. Cette hausse sensible du risque financier trouve uniquement son origine dans l'endettement, car le risque d'exploitation est par ailleurs stable ;

4) le supplément de rentabilité de 18 % - 12 % = 6 % obtenu par les actionnaires leur permet de rémunérer le supplément de risque financier entraîné par l'endettement ;

5) l'accroissement du risque financier lié au recours à l'endettement s'explique aisément. Les créanciers financiers reçoivent les intérêts de leur prêt, quelle que soit la conjoncture, les actionnaires sont les seuls à assumer le risque lié au profit, le *risque résiduel.* En cas de conjoncture favorable, le taux de rentabilité des capitaux propres bénéficie d'un *effet de levier* positif causé par l'endettement ; le taux de rentabilité des capitaux propres passe de 20,4 % à 34,8 %. Inversement, l'effet de levier joue négativement et devient un *effet de massue* dans le cas de la conjoncture défavorable, où le taux décroît de 3,6 % à 1,2 %.

B. – la formalisation de l'effet de levier financier

L'incidence du recours à l'endettement sur le taux de rentabilité des capitaux propres est dénommé *effet de levier financier*. Approfondissons son mécanisme en le formalisant.

Soit CP le montant des capitaux propres, D le montant des dettes financières, K_a le taux de rentabilité économique après impôt, K_c le taux de rentabilité des capitaux propres après impôt et K_d le coût de la dette après impôt.

La relation de l'effet de levier financier est telle que (2) :

$$K_c = K_a + (K_a - K_d). \frac{D}{CP}$$

Le coût de la dette après impôt K_d s'obtient en multipliant le coût de la dette avant impôt par (1 - T), T étant le taux d'imposition des résultats. Le montant de l'actif économique AE = CP + D.

Selon la relation de l'effet de levier financier, le taux de rentabilité des capitaux propres K_c est égal au taux de rentabilité économique K_a, augmenté d'une prime égale à la différence entre K_a et le coût de la dette K_d, multiplié par le ratio d'endettement ou *levier d'endettement* D/CP.

L'effet de levier financier proprement dit se mesure par K_c - K_a ; *il représente l'incidence de l'endettement sur le taux de rentabilité des capitaux propres*.

Ainsi dans l'exemple initial, en cas de conjoncture favorable, l'effet de levier dû à l'endettement est égal à 34,8 % - 20,4 % = 14,4 %. Il joue positivement. Le recours à l'endettement permet un gain de rentabilité sur fonds propres de 14,4 %. Inversement en cas de conjoncture défavorable, l'effet de levier, égal à 1,2 % - 3,6 % = -2,4 % est négatif. L'endettement entraîne une perte de rentabilité sur fonds propres par rapport à une politique de financement sans recours à l'endettement.

La relation de l'effet de levier financier permet de formaliser le mécanisme de l'effet de levier financier :

1) il joue positivement si $K_a > K_d$, c'est-à-dire si le taux de rentabilité économique est supérieur au coût de la dette, et négativement dans le cas contraire ;

2) son intensité est fonction de la différence entre le taux de rentabilité économique K_a et le coût de la dette K_d, mais également du levier d'endettement D/CP. Ainsi en supposant que la diffé-

---

(2) La relation est très facile à démontrer, en tenant compte de l'identité AE = CP +D : K_c = (Résultat net / CP) = (AE.K_a - D.K_d)/CP = [(CP + D).K_a - D.K_d]/CP = [CP.K_a + D.(K_a - K_d)]/CP = K_a + (K_a - K_d).D/CP

rence K_a - K_d soit positive, l'effet de levier est d'autant plus important que le levier d'endettement est élevé.

Cette relation montre de quelle façon on peut accroître la rentabilité des capitaux propres en ayant recours à l'endettement. Cependant, il ne faut jamais perdre de vue le corollaire du recours à l'effet de levier financier, *l'accroissement du risque financier* qu'il entraîne.

■■■ § 2. – relation de l'effet de levier financier et diagnostic de la rentabilité des capitaux propres

La relation de l'effet de levier financier permet de disposer d'un schéma explicatif qui conduit à analyser l'évolution du taux de rentabilité des capitaux propres en fonction de deux facteurs principaux : *le taux de rentabilité économique* et *le recours à l'endettement*. Ce second facteur se décompose lui-même en deux variable : le *ratio d'endettement* et le *coût de la dette*.

figure 1.1

le schéma d'analyse fondé sur l'effet de levier

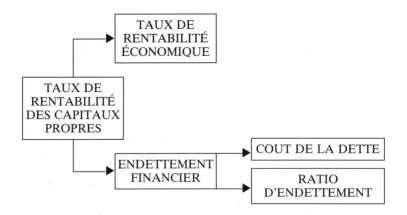

Tentons d'apprécier la rentabilité des capitaux propres de la société Dubois à l'aide de ce schéma.

encadré 1.1
effet de levier financier
et analyse de la rentabilité des capitaux propres

Les comptes de la société Dubois ont permis de dresser le tableau suivant :

tableau 1.3
évolution du taux de rentabilité des capitaux propres

ANNEES	−6	−5	−4	−3	−2	−1	0
Capitaux propres	100	115	320	300	240	200	120
Dettes financières	123	180	540	640	680	680	610
Actif économique	223	295	860	940	920	880	730
Levier d'endettement D/CP	1,23	1,57	1,69	2,13	2,83	3,40	5,08
Résultat net	14	16	20	−54	−164	−90	−38
Frais financiers	11	18,5	29	63	83	72	67
Résultat d'exploitation	39	50,5	69	9	−81	−18	29
Résultat d'exploitation après impôt	19,5	25,25	34,5	4,5	−81	−18	14,5
Coût de la dette avant impôt		15,0 %	16,1 %	11,7 %	13,0 %	10,6 %	9,9 %
Coût de la dette après impôt Kd		7,5 %	8,1 %	10,8 %	13,0 %	10,6 %	7,7 %
Taux de rentabilité économique Ka		11,3 %	11,7 %	0,5 %	−8,6 %	−2,0 %	1,6 %
Taux de rentabilité des fonds propres Kc		16,0 %	17,4 %	−16,9 %	−54,7 %	−37,5 %	−19,0 %
Effet de levier Kc-Ka		4,7 %	5,7 %	−17,4 %	−46,0 %	−35,5 %	−20,6 %

Remarque : les taux ont été évalués en tenant compte de la non déductibilité des intérêts en cas de résultat d'exploitation insuffisant ; le taux de l'impôt était de 50 % sur la période analysée.

Avant d'identifier les causes de l'évolution de la rentabilité des capitaux propres, tentons tout d'abord de répondre à la question suivante. La rentabilité des capitaux propres a-t-elle été suffisante ? La rentabilité est satisfaisante si elle couvre le taux sans risque et les primes de risque requises (3) pour les différents risques (exploi-

---

(3) Il est possible d'estimer les primes de risque grâce au modèle d'équilibre des actifs financiers, le MEDAF qui sera présenté au chapitre 2, 3ᵉ partie.

tation, financier et de faillite). En supposant que le coût de la dette avant impôt rende compte approximativement du taux sans risque et de la prime de risque de faillite, on conclut que les seules années où la rentabilité sur fonds propres peut apparaître satisfaisante sont les années -6 et -5 ; encore faut-il souligner que le différentiel de rentabilité (1 % en année - 5 et 1,3 % en année -4) permettant de rémunérer les risques d'exploitation et financier est faible.

L'analyse de l'évolution de la rentabilité des capitaux propres permet de constater que l'élément déterminant a été la variable rentabilité économique. Les deux premières années, le taux de rentabilité économique est supérieur au coût de la dette après impôt et l'effet de levier financier joue positivement contribuant respectivement pour 4,7 % et 5,7 % au taux de rentabilité sur capitaux propres. En année -4, la société Dubois investit massivement en finançant principalement par endettement. L'investissement non seulement ne permet pas d'accroître le résultat d'exploitation, mais entraîne au contraire une forte détérioration de la rentabilité économique. Celle-ci s'effondre et devient inférieure au coût de la dette qui s'accroît. L'effet de levier joue alors négativement, d'autant plus que le levier d'endettement augmente. Le taux de rentabilité des fonds propres devient fortement négatif. La fiscalité accentue encore cet effet lorsque la société est en situation déficitaire puisque la déductibilité des frais financiers disparaît. L'amélioration de la dernière année s'explique par un redressement de la rentabilité économique et par une baisse du coût de la dette.

■■■ § 3. – les problèmes posés par la mesure de l'effet de levier

Les principes suivants sont à retenir pour procéder à l'évaluation de la relation de l'effet de levier financier à partir des comptes d'une entreprise.

A. – l'évaluation des capitaux investis et de l'actif économique

1) Les capitaux propres (après répartition du résultat), doivent être corrigés des non-valeurs telles que par exemple, les frais d'établissement. Les provisions pour risques et charges si elles correspondent à des risques réels constituent quasiment des dettes et sont à exclure des fonds propres.

2) Toutes les dettes financières doivent être prises en compte qu'elles soient à long ou à court terme. Les concours bancaires courants doivent en principe être retenus pour leur montant moyen au cours de l'exercice de façon à minorer l'incidence de biais ponctuels du bilan, dus par exemple à la saisonnalité de l'activité.

3) L'actif économique s'obtient comme contrepartie des capitaux propres et des dettes financières.

B. – la mesure des résultats et des taux

1) La mesure du résultat à rapporter à l'actif économique est en toute rigueur le résultat sécrété par l'actif économique. Les immobilisations financières et les valeurs mobilières de placement étant incluses dans l'actif économique, le fait de retenir le seul résultat d'exploitation conduit à sous estimer le taux de rentabilité économique. Il est par conséquent préférable d'évaluer un *résultat économique* incluant outre le résultat d'exploitation, les produits financiers. Ce résultat doit être mesuré après impôt en tenant compte d'une imposition théorique, l'impôt étant calculé en supposant un endettement financier nul.

2) La mesure du résultat sur fonds propres doit s'effectuer de préférence à partir du résultat courant, c'est-à-dire en éliminant l'incidence des opérations exceptionnelles. L'incidence de l'impôt s'évalue en calculant un impôt théorique sur la base du résultat courant.

3) Dans la majorité des cas, la plus grande part du résultat d'un exercice est sécrétée par les capitaux investis en début d'exercice. En conséquence, il faut de préférence, rapporter les résultats constatés en fin d'exercice aux capitaux investis en début d'exercice. Ce raisonnement s'applique également à l'évaluation du coût des dettes financières ; on rapporte les intérêts de l'exercice au montant des dettes financières en début d'exercice.

section II
l'analyse de la rentabilité économique

La *rentabilité économique* constituant la variable fondamentale pour expliquer la formation du taux de rentabilité des fonds propres, son analyse constitue une étape indispensable du diagnostic de la rentabilité.

§ 1. – la décomposition en taux de marge et taux de rotation

Le diagnostic du taux de rentabilité économique repose sur la décomposition du taux de rentabilité économique K_a en deux composantes, le *taux de marge économique* et le *taux de rotation de l'actif économique*.

$$K_a = \text{taux de marge} \times \text{taux de rotation}$$

Le taux de marge économique égal à *Résultat économique après impôt / Chiffre d'affaires* (4) représente un indicateur de *profitabilité*, évalué à partir de la marge économique. Une étude chronologique de ce ratio permet de juger de son évolution. Il peut être également apprécié par rapport à des normes sectorielles.

Le taux de rotation de l'actif économique égal à *Chiffre d'affaires / Actif économique* constitue un indicateur de *rotation des capitaux investis*, permettant de juger le niveau d'activité par rapport aux capitaux investis. L'interprétation à laquelle il conduit est de nature *productiviste*. L'entreprise est d'autant plus productive que le niveau d'activité atteint est important pour un montant de capitaux investis donné.

■ § 2. – l'analyse de la formation du résultat par le tableau des soldes intermédiaires de gestion

A. – les principes de l'analyse

L' analyse de la formation du résultat constitue une étape fondamentale du diagnostic de la rentabilité. Celui-ci doit s'appuyer en premier lieu sur une analyse générale de l'activité notamment des différents métiers de l'entreprise qui composent son portefeuille d'activités. Cette analyse préalable de l'environnement et de la stratégie de l'entreprise est indispensable. En son absence, le diagnostic financier ne peut aboutir qu'à la constatation superficielle d'un déséquilibre, faute d'en avoir identifié les causes réelles.

En second lieu, le diagnostic passe par la construction d'un *Tableau de soldes intermédiaires de gestion* (TSIG). Ce tableau sert de support à l'étude du niveau et de l'évolution des principaux soldes, notamment en les évaluant en pourcentage du niveau d'ac-

___
(4) Dans les entreprises de production, il est préférable d'ajouter au montant du chiffre d'affaires la variation de la production stockée de façon à disposer d'un indicateur plus fiable du niveau d'activité.

tivité et en les jugeant par référence à des bases de données sectorielles, par exemple celle de la centrale des bilans de la Banque de France.

B. – la construction et l'utilisation du TSIG

Bien que le plan comptable général préconise un TSIG normalisé, certaines corrections doivent être apportées afin de permettre un diagnostic plus pertinent. Il est souhaitable de faire apparaître certains soldes supplémentaires tels que la *marge brute* et le *résultat économique*. Inversement, il est préférable de ne pas retenir le *résultat financier* qui s'évalue par différence entre les produits financiers et les charges financières. Ce solde qui regroupe des éléments très disparates, n'est pas pertinent du point de vue de l'interprétation économique.

Les redressements à pratiquer portent principalement sur les *charges de sous-traitance*, les *frais de personnel intérimaire* et les *loyers de crédit-bail*. L'objet de ces corrections est de pouvoir rendre comparable le TSIG d'une entreprise qui a recours à la sous-traitance, à du personnel intérimaire ou au crédit-bail, à celui d'une entreprise qui n'utilise pas ces procédés. Dans la mesure où l'information comptable le permet, les charges de sous-traitance doivent être éclatées et reclassées en coût d'achat et charges de personnel. Les frais de personnel intérimaire sont à regrouper avec les charges de personnel. Enfin, les loyers de crédit-bail sont à éclater et à répartir (5) entre les frais financiers et les dotations aux amortissements.

Commentons successivement les différents soldes du tableau 1.4 :

1) l'indicateur d'activité - la *production élargie* ; cet indicateur d'activité comprend outre les *ventes*, les *productions stockées* et *immobilisées*. Il permet de mieux rendre compte de l'activité que les seules ventes ou que la production *stricto sensu*. L'analyse financière de l'activité doit notamment permettre de séparer l'évolution réelle de l'évolution nominale, en distinguant les effets prix et quantité ;

2) la *marge brute* s'évalue en soustrayant de la production élargie, le coût d'achat des marchandises vendues et les consommations matières. Par rapport au TSIG du plan comptable, elle regroupe la *marge commerciale* (égale à ventes de marchandises - coût d'achat des marchandises vendues) et une marge sur consommations (égale à production - consommations) ;

---

(5) Cette répartition peut se faire en fonction des informations figurant dans l'annexe des comptes.

tableau 1.4

les soldes du TSIG
(version corrigée et version plan comptable)

TSIG CORRIGÉ	KF	%	TSIG PCG 1982	KF	%
Ventes de marchandises + Production vendue ± Production stockée ± Production immobilisée			Ventes de marchandises - Coût d'achat des marchandises vendues		
Production élargie			**Marge commerciale**		
- Coût d'achat des marchandises vendues - Consommations matières			+ Production vendue ± Production stockée ± Production immobilisée		
Marge brute			**Production de l'exercice**		
- Autres charges externes			Production + marge commerciale - Consommations (mat. + ch. externes)		
Valeur ajoutée			**Valeur ajoutée**		
+ Subventions d'exploitation - Impôts et taxes - Charges de personnel			+ Subventions d'exploitation - Impôts et taxes - Charges de personnel		
Excédent brut d'exploitation			**Excédent brut d'exploitation**		
+ Reprises et transferts de charges + Autres produits - Autres charges			+ Reprises et transferts de charges + Autres produits - Autres charges		
Résultat d'exploitation			**Résultat d'exploitation**		
+ Produits financiers			+ Produits financiers		
Résultat économique			- Charges financières		
- Charges financières			*Résultat financier*		
Résultat courant avant impôts			**Résultat courant avant impôts**		
+ Résultat exceptionnel - Participation des salariés - Impôts sur les bénéfices			+ Résultat exceptionnel - Participation des salariés - Impôts sur les bénéfices		
Résultat de l'exercice			**Résultat de l'exercice**		

Remarque : les soldes sont à évaluer en pourcentage de la production élargie dans le TSIG corrigé

3) la *valeur ajoutée produite* se mesure par différence entre la marge brute et les charges externes autres que les consommations. Elle représente le supplément de valeur apporté par l'entreprise, dans l'exercice de ses activités professionnelles courantes, aux biens et services en provenance de tiers et constitue un bon estimateur du *poids économique* de l'entreprise, ainsi qu'un bon critère de taille. Elle sert à apprécier les structures et les méthodes d'exploitation, ainsi que l'efficacité des facteurs de production. Ainsi, la centrale des bilans de la Banque de France préconise

l'utilisation de deux ratios, *Valeur ajoutée/Effectif moyen* et *Valeur ajoutée/Équipement productif* pour juger de la productivité des facteurs travail et capital ;

4) *l'excédent brut d'exploitation* EBE représente le résultat provenant du cycle d'exploitation (avant amortissement et provisions) et se calcule à partir de la valeur ajoutée en ajoutant les éventuelles subventions d'exploitation et en retranchant les impôts et taxes, ainsi que les charges de personnel. Par rapport à la valeur ajoutée, le poste principal qui détermine l'évolution de l'EBE est constitué des charges de personnel. L'analyse de leur évolution doit s'efforcer de séparer l'incidence de la variation des effectifs de celle des variations du coût de la main-d'œuvre ;

5) le *résultat d'exploitation* et le *résultat économique*. Le résultat d'exploitation s'obtient en corrigeant l'EBE des dotations aux amortissements, des variations des provisions sur actif circulant (dotations moins reprises) et des autres charges et produits de gestion courante. Il se rapproche dans son principe du véritable résultat économique (avant impôt) de l'entreprise. L'évaluation comptable de la dépréciation de l'actif (mode de calcul de l'amortissement) et les pratiques fiscales et comptables induisent souvent des biais importants dans l'évaluation de ce résultat. En particulier, en période d'investissement, le résultat d'exploitation apparaît le plus souvent sous-évalué.

Le résultat d'exploitation ignore certains éléments constitutifs de la rentabilité économique, tels que les produits financiers. Dans la mesure où les produits financiers proviennent des actifs financiers qui font partie de l'actif économique, ils doivent être ajoutés au résultat d'exploitation pour mesurer le *résultat économique*. Une part importante de la rentabilité économique de certaines entreprises provient des produits financiers ;

6) le *résultat courant avant impôt*, le *résultat exceptionnel* et le *résultat de l'exercice* ; le résultat courant avant impôt se calcule à partir du résultat économique en soustrayant les charges financières. Il est censé représenter la marge normale résultant de l'activité de l'entreprise, après imputation des charges financières résultant de la politique de financement, avant prise en compte des éléments exceptionnels, de la participation des salariés et de l'impôt sur les résultats. Les charges financières doivent faire l'objet d'une attention particulière ; en particulier, l'évolution des intérêts doit être expliquée en séparant si possible l'incidence de la variation des taux, de celle du montant de l'endettement.

La détermination d'un résultat exceptionnel permet de distinguer le résultat provenant des opérations courantes du résultat issu des opérations exceptionnelles. Il s'agit normalement des opérations à caractère *non répétitif*, en particulier les cessions d'actif.

Enfin, le résultat de l'exercice représente la mesure comptable du résultat distribuable aux actionnaires. Il peut être utilisé pour déterminer le taux de rentabilité comptable des fonds propres. Il est cependant préférable pour évaluer ce dernier d'utiliser le résultat courant et de le corriger d'une imposition théorique.

---

résumé

1) Le diagnostic de la rentabilité des capitaux propres se fait à partir de la relation de l'effet de levier financier qui lie le taux de rentabilité des capitaux propres K_c, le taux de rentabilité économique K_a, le coût de la dette K_d et le levier d'endettement D/CP.

$$K_c = K_a + (K_a - K_d) \cdot \frac{D}{CP}$$

2) L'effet de levier financier permet d'accroître la rentabilité des capitaux propres en recourant à l'endettement mais a pour contrepartie un accroissement du risque pour les actionnaires.

3) L'effet de levier joue positivement si la rentabilité économique est supérieure au coût de la dette et négativement dans le cas contraire (effet de massue).

4) La relation de l'effet de levier permet d'expliquer le niveau et l'évolution du taux de rentabilité des capitaux propres en fonction du taux de rentabilité économique (variable principale), du coût de la dette et du ratio d'endettement.

5) L'analyse de la rentabilité économique s'effectue à partir de la relation de décomposition, mettant en jeu le taux de marge économique (profitabilité) et le taux de rotation des capitaux investis (productivité).

6) La formation du résultat s'analyse au moyen du TSIG corrigé. Chaque solde (indicateur d'activité, marge brute, valeur ajoutée, EBE, résultat d'exploitation, résultat économique, résultat courant) doit faire l'objet d'une étude particulière, permettant d'en identifier les facteurs déterminants.

chapitre 2

le diagnostic
du risque

L'analyse de la rentabilité ne constitue que le premier volet du diagnostic financier. Les conclusions auxquelles elle conduit, sont incomplètes si l'autre volet du diagnostic consacré au risque est ignoré. La présentation séparée des deux volets du diagnostic financier n'implique pas leur indépendance. La rentabilité ne peut s'apprécier qu'en fonction du risque supporté et réciproquement, le risque accepté par les investisseurs est directement fonction de la rentabilité attendue. La notion d'*équilibre financier* n'a de sens que dans le cadre de référence que constitue le *compromis rentabilité/risque*.

Les trois premières sections sont consacrées à la présentation des méthodes qui permettent de diagnostiquer les trois types de risque : *risque d'exploitation, risque financier* et *risque de faillite*. Une quatrième section permet d'introduire brièvement les méthodes d'aide au diagnostic que constituent la *méthode des scores* et les *systèmes experts*.

section I
diagnostic du risque d'exploitation et du risque financier

Contrairement au diagnostic du risque de faillite privilégié par les créanciers, qui s'appuie sur de nombreux outils, celui du risque d'exploitation et du risque financier repose principalement sur la notion de *levier d'exploitation*.

§ 1. — le diagnostic du risque d'exploitation

L'*effet de levier d'exploitation* résulte de l'incidence des fluctuations du niveau d'activité sur la rentabilité économique. L'analyse de l'*effet de levier d'exploitation* a pour objectif d'évaluer la *sensibilité du résultat d'exploitation* (1) à une variation du niveau d'activité ; cette sensibilité est conditionnée par la *structure des charges*, fixes ou variables en fonction de l'activité.

---

(1) On considérera dans ce chapitre pour simplifier, que le résultat économique est égal au résultat d'exploitation et qu'il y a identité des deux notions.

A. – risque d'exploitation et position par rapport au seuil de rentabilité d'exploitation

La mesure de la sensibilité repose sur la notion d'*élasticité* du résultat d'exploitation par rapport au niveau d'activité. Elle aboutit à préconiser comme indicateur de risque, la *position de l'entreprise par rapport au seuil de rentabilité d'exploitation* (ou *point-mort d'exploitation*).

Soit X le résultat d'exploitation et P le niveau d'activité. L'élasticité se mesure en rapportant la variation relative du résultat d'exploitation Var.X/X, à la variation relative du niveau d'activité Var.P/P, soit :

$$\text{Élasticité} = (\text{Var.X} / \text{X}) / (\text{Var.P} / \text{P}).$$

Par exemple, une élasticité de 2 signifie qu'une variation relative de 1 % du niveau d'activité entraîne une variation de 2 % du résultat d'exploitation.

Le seuil de rentabilité d'exploitation SRE ou point-mort d'exploitation se définit comme le niveau d'activité pour lequel le résultat d'exploitation est nul. On évalue le SRE en divisant le montant des charges fixes d'exploitation par le pourcentage de marge sur coûts variables (2).

On montre que l'élasticité et le SRE sont liés par la relation suivante (3) :

$$\text{Élasticité} = \text{P} / (\text{P} - \text{SRE})$$

On déduit de cette relation trois conclusions importantes :

1) plus le niveau d'activité d'une entreprise est proche du point-mort d'exploitation, plus l'élasticité et le risque d'exploitation sont élevés ;

2) *toutes choses égales par ailleurs*, plus le niveau de charges fixes est élevé, plus l'élasticité et le risque d'exploitation sont importants ;

3) l'élasticité et le risque d'exploitation dépendent simultanément du niveau des charges fixes et du pourcentage de marge sur coûts variables, car ces deux éléments déterminent le SRE.

---

(2) Soit a le pourcentage de charges variables, ChV = a.P le montant des charges variables et ChF le montant des charges fixes, on a la relation X = P - ChV - ChF = P.(1 - a) - ChF. Pour le niveau d'activité correspondant au point-mort d'exploitation, X est nul d'où on déduit que 0 = SRE.(1 - a) - ChF et en conséquence, SRE = ChF / (1 - a).

(3) P est le niveau de l'activité avant variation. La relation s'obtient de la façon suivante :
Élasticité = [(Var.X/X) / (Var.P/P)] = [(1 - a).Var.P /[P.(1-a) - ChF]] / (Var.P/P)
= (1 - a).P / [P.(1-a) - ChF] = P / (P - SRE)

encadré 2.1
l'évaluation du risque d'exploitation

Soit deux entreprises A et B dont les montants de l'actif économique et les niveaux d'activité sont identiques, mais dont les structures de charges diffèrent (60 % de charges variables et 300 de charges fixes pour l'entreprise A contre respectivement 30 % et 630 pour l'entreprise B). Trois hypothèses de niveau d'activité (mesuré par le chiffre d'affaires) sont retenues. L'hypothèse 2 est l'hypothèse moyenne ; pour cette dernière les rentabilités économiques des deux entreprises sont identiques. Chaque niveau d'activité représente une croissance de 10 % par rapport au niveau précédent.

tableau 2.1
évaluation du risque d'exploitation

Hypothèses d'activité	Entreprise A			Entreprise B		
	1	2	3	1	2	3
Niveau d'activité	1000	1100	1210	1000	1100	1210
Charges variables	600	660	726	300	330	363
Charges fixes	300	300	300	630	630	630
Résultat d'exploitation	100	140	184	70	140	217
Elasticité		400 %	314 %		1000 %	550 %
Point-mort d'exploitation	750	750	750	900	900	900
Position par rapport au SRE	33 %	47 %	61 %	11 %	22 %	34 %

Remarque : la position par rapport au point-mort s'évalue de la façon suivante
Position = (niveau d'activité - point-mort) / point-mort

Considérons l'entreprise A. Pour un niveau d'activité de 1100, l'élasticité est égale à [(140 -100) / 100] / [(1100 -1000) / 1000] = 400 % ; autrement dit, une croissance de l'activité de 10 %, soit de 1000 à 1100 induit une croissance du résultat d'exploitation quatre fois plus importante, de 100 à 140, soit 40 %. Pour un niveau d'activité de 1210, l'élasticité est de 314 %. Pour l'entreprise B, les mêmes variations de l'activité conduisent respectivement à des valeurs de l'élasticité de 1 000 % et de 550 %.

Le calcul de la position par rapport au point-mort d'exploitation confirme ces conclusions. La position par rapport au point-mort s'évalue par : *(Niveau d'activité - SRE)/SRE.*

Le SRE est égal à Charges fixes / Pourcentage de marge sur coûts variables :

- soit pour l'entreprise A : 300 / 0,4 = 750 et une position pour un niveau d'activité de 1000, de (1000 - 750) / 750 = 33 % au dessus du SRE ;

- et pour l'entreprise B : 630 / 0,7 = 900 et une position pour un niveau d'activité de 1000, de (1000 - 900) / 900 = 11 % au dessus du SRE.

L'entreprise A se situe, quelle que soit l'hypothèse de niveau d'activité au delà de son point-mort d'exploitation ; la position la plus « risquée » étant de 33 % pour un niveau d'activité de 1000. Les positions de l'entreprise B compte tenu de sa structure de charges sont moins confortables ; la position la plus risquée étant de 11 %. Autrement dit, dans l'éventualité d'une baisse de l'activité de 11 %, cette entreprise se retrouverait en perte.

L'entreprise A qui présente relativement à B, une proportion plus élevée de charges variables et des frais fixes moins importants obtient un résultat d'exploitation moins sensible aux variations de l'activité et apparaît moins risquée.

L'exemple confirme que :

1) plus l'entreprise s'éloigne de son point-mort d'exploitation, moins l'élasticité est élevée, traduisant ainsi la diminution du risque ;

2) plus les charges fixes sont élevées, plus le niveau de risque est important (4).

B. – l'évaluation de la position par rapport au seuil de rentabilité

L'évaluation de la position par rapport au seuil de rentabilité suppose que l'on puisse répartir les charges en fonction de leur nature fixe ou variable. Or, compte tenu de la difficulté à cerner précisément la nature des charges, ce type de répartition est souvent difficile à pratiquer.

Les hypothèses simplificatrices suivantes peuvent être posées pour évaluer le seuil de rentabilité d'exploitation :
- les consommations de matières premières et de matières consommables constituent des charges variables ;
- les autres charges externes (consommations autres que les matières) peuvent être réparties grossièrement pour moitié en charges variables et pour moitié en charges fixes ;
- les charges de personnel, les impôts et taxes et les dotations aux amortissements sont le plus souvent analysés comme fixes ;

---

(4) Précisons que le pourcentage de charges variables joue également. Ainsi si l'entreprise A avait le même pourcentage de charges variables que B (soit 30 %), les élasticités seraient respectivement de 175 % et de 164 % et les positions par rapport au SRE de 133 %, 157 % et 182 %.

- les dotations aux provisions ne sont pas à retenir dans l'évaluation du seuil de rentabilité dans la mesure où elles ont un caractère exceptionnel.

■■■ § 2. — le diagnostic du risque financier

La méthode présentée pour appréhender le risque d'exploitation peut être très facilement aménagée pour diagnostiquer le risque

---

encadré 2.2

le diagnostic du risque financier

Poursuivons l'exemple des sociétés A et B. Supposons à présent, que ces deux entreprises ont un actif économique d'un montant de 2000. L'entreprise A se finance à 50 % par dette et B intégralement par fonds propres. Le taux d'intérêt de la dette est de 8 %. Il n'y a pas d'impôt sur les résultats.

tableau 2.2

évaluation du risque financier

Hypothèses d'activité	Entreprise A			Entreprise B		
	1	2	3	1	2	3
Niveau d'activité	1000	1100	1210	1000	1100	1210
Charges variables	600	660	726	300	330	363
Charges fixes d'exploitation	300	300	300	630	630	630
Résultat d'exploitation	100	140	184	70	140	217
Frais financiers	80	80	80	0	0	0
Résultat courant	20	60	104	70	140	217
Elasticité		2000 %	733 %		1000 %	550 %
Charges fixes totales	380	380	380	630	630	630
Point-mort global	950	950	950	900	900	900
Position par rapport au point-mort global	5 %	16 %	27 %	11 %	22 %	34 %

L'inclusion des frais financiers dans les charges fixes entraîne une augmentation sensible du point-mort de la société A (qui passe de 750 à 950) et de l'élasticité du résultat courant par rapport à l'activité (qui passe par exemple de 400 % à 2000 %). En conséquence, la position par rapport au point-mort global (après frais financiers) se dégrade, passant de 33 % à 5 %. Le risque financier en tant que possibilité d'avoir un résultat courant négatif et une rentabilité des capitaux propres de même signe, devient plus élevé pour A que pour B. L'avantage de A en termes de risque d'exploitation a disparu quand on évalue le risque financier, compte tenu du risque supplémentaire lié à l'endettement.

financier. Il suffit de substituer au résultat d'exploitation, le résultat courant déterminé après prise en compte des frais financiers et d'évaluer une position par rapport au *seuil de rentabilité global* SRG ou *point-mort global*.

Le point-mort global constitue le niveau d'activité pour lequel on obtient un résultat courant nul ; il se distingue du point-mort d'exploitation, car il prend également en compte les frais financiers. Les frais financiers sont supposés constituer une charge fixe.

L'incidence de l'endettement sur la position par rapport au seuil de rentabilité global, confirme les conclusions obtenues à partir de la relation de l'effet de levier financier. *Le recours à l'endettement accroît le risque.*

section II
l'analyse statique du risque de faillite

Le diagnostic du risque de faillite consiste à évaluer la capacité de l'entreprise à faire face à ses engagements. Il repose sur deux types d'analyse : *l'analyse statique fondée sur la lecture du bilan et l'analyse dynamique qui s'appuie sur les flux.* Les fondements de l'analyse statique trouvent leur origine dans les deux grandes conceptions possibles du bilan, *patrimoniale* et *fonctionnelle*. Chacune de ces conceptions permet d'élaborer des outils spécifiques de diagnostic.

■ § 1. – conceptions patrimoniale et fonctionnelle du bilan

L'inventaire des actifs et des passifs constitue le bilan. La conception initiale du bilan est de nature patrimoniale. L'inventaire est réalisé *en vue de mesurer la valeur réelle du patrimoine des actionnaires* de l'entreprise. D'une part, cette *évaluation* intéresse les actionnaires qui sont propriétaires de l'entreprise ; ils cherchent à connaître la valeur de leur patrimoine. D'autre part, elle est demandée par les créanciers pour lesquels l'actif constitue le gage ultime des créances.

L'évaluation du patrimoine de l'entreprise se fait à partir du système d'information comptable. La mesure comptable du patrimoine part d'une évaluation fondée sur les prix d'acquisition et procède à un rapprochement avec les valeurs réelles (valeurs vénales ou de marché) en recourant à des corrections de valeurs fondées sur les principes comptables.

Dans la *conception fonctionnelle*, le bilan constitue un ensemble de *stocks d'emplois* (utilisation des capitaux investis) et de *stocks de ressources* (origine des capitaux investis). Cette conception s'appuie sur une analyse de l'activité fondée sur les différents cycles d'opération et a pour objet final de *faciliter la compréhension du fonctionnement de l'entreprise*.

Elle est fondée sur l'évaluation des actifs et des passifs au prix d'acquisition et fait totalement abstraction de la valeur réelle. Le bilan fonctionnel constitue le préalable indispensable à une analyse par les flux ; il permet de comprendre la politique financière suivie par l'entreprise et d'apporter un éclairage complémentaire de celui de l'analyse patrimoniale.

■ § 2. — bilan patrimonial et diagnostic du risque de faillite

A. – la conception patrimoniale

1°). — Les principes d'élaboration du bilan patrimonial

Selon la définition patrimoniale, le bilan est l'état des éléments actifs et passifs de l'entreprise. Les méthodes comptables d'évaluation font que ce bilan présente une image biaisée par rapport à la véritable valeur de l'entreprise, telle qu'elle résulterait par exemple d'une évaluation par le marché.

L'évaluation comptable se fait notamment par application de la méthode des *coûts historiques*, dans une *perspective de continuité de l'exploitation* et en retenant le *principe de prudence*. Le principe de continuité de l'exploitation signifie que les états financiers sont établis en supposant que l'entreprise n'a ni l'intention, ni l'obligation de se mettre en liquidation ou de réduire sensiblement l'étendue de ses activités. Quant au principe de prudence, il est défini de la façon suivante : « *la prudence est l'appréciation raisonnable des faits, afin d'éviter le risque de transfert, sur l'avenir, d'incertitudes présentes susceptibles de grever le patrimoine et les résultats de l'entreprise* ». Enfin, les comptes annuels sont censés donner une *image fidèle* du patrimoine, de la situation financière ainsi que des résultats de la société.

L'application des principes comptables conduit à appliquer des corrections aux valeurs historiques de façon à les rapprocher des valeurs vénales en cas de dépréciation. Par exemple, la provision pour dépréciation des stocks est évaluée par référence à la valeur vénale, c'est-à-dire à la valeur de réalisation. Cependant, les corrections pratiquées n'assurent pas sauf exception la convergence avec les valeurs de marché et le bilan comptable ne permet qu'une évaluation très approximative du patrimoine.

2o). — La structure du bilan patrimonial

La conception patrimoniale est indissociable des notions de *liquidité* de l'actif et d'*exigibilité* du passif. Un actif est dit d'autant plus liquide qu'il est facilement transformable en monnaie, c'est-à-dire rapidement et sans perte de valeur ; le degré de liquidité est fonction de l'existence d'un marché secondaire organisé (marché d'occasion). Par extension, le caractère liquide de l'actif d'un bilan s'apprécie en fonction de la liquidité des actifs qui le composent. Sont ainsi distingués, les actifs liquidables à plus d'un an qui correspondent en première approximation aux actifs immobilisés et les actifs liquidables à moins d'un an, assimilables aux actifs circulants.

Le caractère d'exigibilité d'une dette est fonction du temps qui doit s'écouler jusqu'à l'échéance ; autrement dit de la *maturité* de la dette. Les capitaux propres sont non exigibles. Les dettes à long terme (à plus d'un an d'échéance) sont moins exigibles que les dettes à court terme dont l'échéance se situe à moins d'un an. L'exigibilité globale du passif s'apprécie en fonction des proportions relatives des capitaux propres, des dettes à long terme et des dettes à court terme.

La structure du bilan patrimonial s'appuie sur une classification de l'actif et du passif en fonction des notions de liquidité et d'exigibilité. Avant le plan comptable 1982 (PCG 1982), cette présentation constituait la base du document officiel. Le bilan préconisé par le PCG 1982 abandonne en partie le classement de l'actif et du passif en fonction des critères de liquidité et d'exigibilité pour accorder la primauté au critère d'appartenance à un cycle d'opération. En particulier, l'ensemble des dettes financières qu'elles soient à long terme ou à court terme, est regroupé dans la même rubrique.

Le bilan comptable actuel apparaît ainsi comme un compromis entre la conception patrimoniale axée sur l'évaluation et reposant sur la classification en termes d'exigibilité et de liquidité et la conception fonctionnelle qui se préoccupe de l'origine et de l'utilisation des fonds (V. figure 2.1, ci-dessous).

B. – le diagnostic du risque de faillite à partir du bilan patrimonial

Le bilan préconisé par le PCG n'étant pas sous forme patrimoniale, il est nécessaire d'effectuer préalablement un certain nombre de corrections.

1°). – Le traitement préalable de l'information comptable

La mise en œuvre de l'analyse patrimoniale nécessite la détermination de l'actif net corrigé et la présentation des structures de l'actif et du passif en fonction des critères de liquidité et d'exigibilité. L'analyse doit se faire à partir d'un *bilan après répartition du résultat*.

Les principaux redressements à effectuer pour construire le bilan patrimonial sont les suivants :

figure 2.1

présentations schématiques du bilan patrimonial et du bilan du PCG 1982

Bilan patrimonial   Bilan du PCG 1982

Actif	Passif	Actif	Passif
Valeurs immobilisées nettes (1) (liquidables à plus d'un an)	Capitaux propres (non exigibles)	Actif immobilisé (immobilisations incorporelles, corporelles, et financières) (1)	Capitaux propres (2)
	Dettes à long et moyen terme (exigibles à plus d'un an)		Dettes (financières d'exploitation et diverses)
Stocks et valeurs réalisables et disponibles (2) (liquidables à moins d'un an)		Actif circulant	
	Dettes à court terme (exigibles à moins d'un an)		

(1) en excluant les éléments liquidables à moins d'un an
(2) en excluant les éléments liquidables à plus d'un an

(1) quelle que soit la liquidité

(2) y compris les provisions pour risques et charges

1) élimination des « charges activées » inscrites à l'actif et qui correspondent à des *non-valeurs* (frais d'établissement, frais de recherche et développement, charges à répartir sur plusieurs exercices...). Le montant de ces non-valeurs doit être également soustrait du montant des capitaux propres afin de déterminer l'*actif net corrigé* ;

2) réintégration à l'actif et au passif des engagements hors-bilan constitués par exemple par le crédit-bail ou les effets escomptés et non échus (5) EENE :

- le crédit-bail s'analysant comme un financement qui se substitue à un emprunt à long et moyen terme, il faut redresser le bilan sur la base de ce principe. Dans la mesure où l'information disponible le permet, la valeur nette comptable des immobilisations financées par crédit-bail doit être ajoutée aux valeurs immobilisées nettes à l'actif. Au passif, il faut augmenter le montant des dettes à plus d'un an du même montant, à l'exclusion de la part du prochain loyer correspondant à un amortissement du capital qui doit être inscrite en dettes à court terme ;

- le montant des EENE doit être d'une part ajouté au poste clients à l'actif et d'autre part, assimilé à des concours bancaires courants au passif (dettes à court terme) ;

3) reclassement des provisions pour risques et charges en dettes à court terme ;

4) reclassement des postes de l'actif en fonction de leur liquidité réelle à plus ou à moins d'un an et des postes du passif en fonction de leur exigibilité réelle (non exigible, exigible à plus d'un an, exigible à moins d'un an).

2°). — Les outils de l'analyse patrimoniale : présentation et critique

a) L'analyse de la solvabilité

Le bilan patrimonial permet d'évaluer la valeur des fonds propres des actionnaires en fonction des principes comptables. La différence entre l'actif et l'ensemble des dettes constitue l'*actif net comptable*, qui représente la valeur comptable des fonds propres et la *surface financière* de l'entreprise. L'actif net intervient dans

---

(5) Les EENE représentent les effets représentatifs de créances client qui ont été escomptés auprès d'une banque afin de procurer des liquidités à l'entreprise et qui sont non échus. La procédure de l'escompte permet « d'avancer » les encaissements. L'escompte entraînant le transfert de propriété de la créance à la banque, ces effets ne figurent plus au bilan. Ils font partie des engagements hors-bilan de l'entreprise. Si la créance n'est pas payée à l'échéance, l'entreprise redevient propriétaire de la créance et supporte le risque.

le diagnostic de la *solvabilité*, pour estimer la capacité de l'entreprise à faire face à ses engagements grâce à ses actifs.

La solvabilité se mesure traditionnellement en rapportant l'actif net corrigé (ou l'actif net comptable) au total du passif. Les seuils critiques retenus dépendent des normes sectorielles. Le minimum requis par les banques est souvent compris entre 20 % et le tiers du passif ; le ratio de 20 % semble être le plancher admissible.

Actif net corrigé ou actif net comptable > 20 % Passif

Cette mesure apparaît très grossière pour deux raisons :
- le manque d'information sur la valeur réelle de certains actifs ;
- l'absence de normes, exceptée l'exigence d'un actif net positif.

Compte tenu du principe de prudence sur lequel elle repose, elle constitue cependant un élément du diagnostic du risque de faillite à ne pas négliger.

b) L'analyse exigibilité/liquidité

L'analyse du risque de faillite qui s'appuie sur les notions d'exigibilité et de liquidité met en correspondance les structures de l'actif et du passif. Les principaux outils sur lesquels s'appuie cette analyse sont *le fonds de roulement patrimonial, les ratios de liquidité* et *le ratio dit d'autonomie financière*.

1) Le FDR patrimonial

La notion de FDR patrimonial est née de la comparaison de la structure de liquidité de l'actif et de la structure d'exigibilité du passif ; elle procède initialement d'une *appréciation à court terme du risque de faillite*.

Le détenteur d'une créance à court terme estime que pour faire face à son remboursement, le débiteur devra réaliser rapidement des actifs. Il évalue par suite son risque en rapprochant le montant des actifs les plus liquides de celui des dettes à court terme. Comme l'exigibilité des dettes à court terme est certaine, alors que la liquidité des actifs correspondants est aléatoire, le créancier en conclut qu'une différence positive entre le montant des actifs à court terme et celui des dettes à court terme lui permet de se prémunir contre le risque. Cette différence constitue le FDR patrimonial.

FDR patrimonial = Actif circulant - Dettes à court terme

Compte tenu de la structure du bilan patrimonial (V. figure 2.1) la mesure alternative est également valide :

> FDR patrimonial = Capitaux permanents - Valeurs immobilisées nettes

Les capitaux permanents sont égaux à la somme des capitaux propres et des dettes à long et moyen terme dont l'échéance est supérieure à un an.

Le FDR patrimonial constituant *le matelas de sécurité* de l'entreprise, les créanciers exigent le plus souvent qu'il soit positif. Son utilisation comme indicateur de risque souffre des mêmes critiques que celles portées à l'actif net. Il n'existe actuellement aucune norme permettant de définir le niveau optimal du FDR patrimonial. L'utilisation de cet indicateur ne peut donc se faire qu'en considérant le niveau du FDR patrimonial d'entreprises qui pratiquent la même activité et qui sont censées courir un risque similaire.

2) Les ratios de liquidité

Le fondement des ratios de liquidité réside également dans la mise en correspondance des actifs réalisables rapidement et des dettes à court terme. Les ratios traditionnels sont les suivants :

- **le ratio de liquidité générale** : *Actifs liquidables à moins d'un an / Dettes exigibles à moins d'un an*. Ce ratio doit normalement être supérieur à un, ce qui équivaut à un FDR patrimonial positif. Il permet d'apprécier relativement le niveau du FDR patrimonial ;

- **le ratio de liquidité réduite** : *Actifs liquidables à moins d'un an moins stocks / Dettes exigibles à moins d'un an*. Ce ratio exclut des actifs à court terme, les stocks qui constituent le plus souvent, l'élément de ces actifs dont la valeur et la liquidité sont les plus incertaines. La norme de 80 % est parfois retenue ;

- **le ratio de liquidité immédiate** : *Titres de placement et disponibilités / Dettes exigibles à moins d'un an*. Ce ratio met en correspondance les éléments les plus liquides et les dettes à court terme.

Ces ratios doivent être interprétés prudemment car les mesures des degrés de liquidité et d'exigibilité effectuées sont très grossières. Une dette vis-à-vis d'un fournisseur à six mois d'échéance est considérée comme équivalente à une dette exigible à un mois ; un crédit de trésorerie est traité de la même façon qu'une dette d'exploitation. De même à l'actif, le degré de liquidité réel de certains postes tels les stocks, est difficilement évaluable. Comme pour les indicateurs précédents, il n'existe aucune norme autre que des normes sectorielles, permettant de juger du niveau de ces ratios. Seule une comparaison avec des entreprises du même secteur ou l'examen de l'évolution de ces ratios permettent de conclure.

3) Le ratio « d'autonomie financière » : Dettes financières à long et moyen terme (exigibles à plus d'un an) / Capitaux propres.

La plupart des organismes financiers recourent à ce ratio et exigent qu'il soit inférieur à un. Autrement dit, l'endettement à long et moyen terme doit être inférieur au montant des capitaux propres.

En conclusion, l'analyse patrimoniale compte tenu des problèmes liés à l'évaluation comptable et au caractère grossier des indicateurs retenus, ne permet pas d'apprécier très finement le risque de faillite. Il n'en demeure pas moins, malgré les nombreuses critiques qui lui ont été adressées, qu'un indicateur tel que le FDR patrimonial garde une signification ; un FDR négatif ou une évolution défavorable du FDR constituent dans la grande majorité des situations, des signes de risque de faillite indiscutables.

■ § 3. – bilan fonctionnel et diagnostic du risque de faillite

L'analyse fonctionnelle du bilan permet d'appréhender le fonctionnement de l'entreprise en termes de stocks d'emplois (utilisation des capitaux investis) et de ressources (origine des capitaux investis) et de se prononcer sur le risque de faillite encouru à partir de la politique de financement suivie.

A. – une lecture du bilan fondée sur la politique financière suivie

La lecture la plus naturelle de la politique financière suivie par l'entreprise conduit à identifier les masses du bilan (stocks d'emplois et stocks de ressources) en fonction des cycles d'opération : *cycle d'investissement, cycle d'exploitation* et *cycle de financement*.

1) les immobilisations brutes correspondent au cycle d'investissement ;

2) le *besoin en fonds de roulement d'exploitation* (BFDR d'exploitation) représente le besoin de financement associé au cycle d'exploitation (achat, production, vente) ;

> BFDR d'exploitation = Stocks + Créances d'exploitation
> - Dettes d'exploitation

3) l'ensemble des ressources correspond au cycle de financement ; on y trouve les fonds propres externes, les fonds propres internes sécrétés par l'entreprise et les dettes financières.

Comparativement au bilan patrimonial, on porte en stocks d'emplois les immobilisations brutes et d'une façon générale tous les actifs pour leur valeur brute d'origine. En conséquence, les amortissements et l'ensemble des provisions figurent dans les ressources et permettent de reconstituer avec les résultats mis en réserves, les fonds propres d'origine interne.

figure 2.2

le bilan fonctionnel représenté par type de cycle

	STOCKS D'EMPLOIS	STOCKS DE RESSOURCES	
CYCLE D'INVESTISSEMENT	IMMOBILISATIONS BRUTES	FONDS PROPRES D'ORIGINE EXTERNE (capital, subventions d'équipement)	CYCLE DE FINANCEMENT
CYCLE D'EXPLOITATION	BFDR (montant brut)	FONDS PROPRES D'ORIGINE INTERNE (réserves, amortissement, provisions)	
		DETTES FINANCIERES (emprunts à long et moyen terme et concours bancaires)	
	DISPONIBILITES		

Ce type de bilan correspond à une photographie à un moment donné, du *déroulement des différents* cycles. Les éléments du bilan représentent les flux de liquidités immobilisés dans les différents cycles. Les stocks d'emplois et de ressources n'ont pas de signification du point de vue de la valeur de marché, puisqu'ils résultent d'agrégats de flux dont les valeurs ne sont pas homogènes, par exemple d'investissements correspondant à des immobilisations acquises à plusieurs années d'intervalle.

En conséquence, la lecture d'un bilan fonctionnel permet uniquement d'analyser à un instant donné les structures respectives des stocks d'emplois et des stocks de ressources et la façon dont s'est effectuée la couverture des emplois par les ressources. Le diagnostic du risque de faillite découle de l'interprétation de cette couverture.

B. – principe d'affectation et interprétation du bilan fonctionnel

Le mode d'interprétation le plus fréquent retient une lecture horizontale (6) du bilan fonctionnel fondée sur *le principe d'affectation des emplois stables aux ressources stables*.

1°). – Le BFDR d'exploitation et sa couverture

Parmi les stocks d'emplois, le BFDR d'exploitation se voit accorder une place prééminente. Il constitue dans de nombreuses activités, notamment dans la plupart des activités de production, une composante importante des stocks d'emplois.

Selon la nature de l'activité, ce besoin peut connaître des fluctuations importantes pendant le déroulement du cycle d'exploitation. Ces fluctuations peuvent être dues à la nature saisonnière de l'activité (industrie du jouet, confection...) ou aux usages établis en matière de règlement des charges ou de pratique commerciale. Ainsi, le paiement mensuel des salaires entraîne une fluctuation sensible du BFDR d'exploitation. Toutefois, dans la plupart des activités, il est possible de distinguer une *composante stable* au sein du BFDR d'exploitation (V. figure 2.3, p. 55).

Dans certaines activités, en particulier la grande distribution et certains services, les ressources liées au cycle d'exploitation peuvent être supérieures aux emplois. Le BFDR d'exploitation est alors négatif et l'entreprise utilise les ressources ainsi dégagées pour investir dans d'autres actifs : productifs ou financiers.

Le caractère partiellement stable du BFDR d'exploitation a conduit à conclure que pour limiter le risque de faillite, le *financement de la composante stable devait être assuré par des ressources stables*, c'est-à-dire soit par des fonds propres, soit par des emprunts à long et moyen terme, par opposition à des concours bancaires courants (crédits de trésorerie) réputés précaires et à définir la notion de *financement stable du BFDR d'exploitation* ou *fonds de roulement fonctionnel* (FDR fonctionnel).

---

(6) Une autre approche plus complexe dite « pool de fonds » s'oppose à cette analyse. Elle préconise une lecture globale du bilan fonctionnel rejetant le principe d'affectation. L'ensemble des ressources est censé financer l'ensemble des emplois. Pour une présentation de cette analyse, V. G. CHARREAUX, *Gestion financière*, 4e éd., Litec, 1993.

figure 2.3

évolution du BFDR d'exploitation

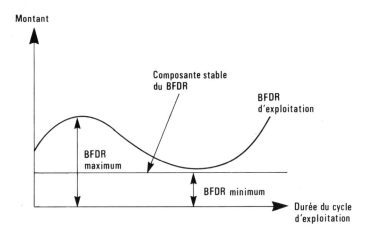

2°). — La structure du bilan fonctionnel

La généralisation du raisonnement précédent conduit à considérer que l'ensemble des emplois stables et notamment les immobilisations, doivent être prioritairement financés par des ressources stables. *Les ressources stables doivent couvrir les immobilisations et le BFDR d'exploitation pour sa composante stable.*

Par convention, on dénomme les stocks d'emplois stables résultant du cycle d'investissement, *emplois acycliques stables* ; le terme *cyclique* étant réservé aux emplois et aux ressources relevant du cycle d'exploitation. Les ressources financières stables et non liées au cycle d'exploitation sont désignées par le terme *ressources acycliques stables.*

La différence entre ressources acycliques stables et emplois acycliques stables constitue le *fonds de roulement fonctionnel* ou *financement stable du besoin lié au cycle d'exploitation.* Le terme fonctionnel signifie que le FDR a pour fonction de financer le BFDR d'exploitation.

> FDR fonctionnel = Ressources acycliques stables -
> Emplois acycliques stables

Enfin, certains postes du bilan associés aux cycles de financement ou d'investissement, constituent des emplois ou des ressources *transitoires* ou *instables,* par exemple, les frais financiers à payer, les fournisseurs d'équipement ou les postes liés au paiment de l'impôt sur les bénéfices. Ces éléments acycliques et instables sont regroupés dans une rubrique résiduelle, le *BFDR hors-exploitation*. Le groupement du BFDR exploitation et du BFDR hors-exploitation constitue le *BFDR global.*

BFDR hors-exploitation = Emplois acycliques instables -
Ressources acycliques instables
BFDR global = BFDR exploitation + BFDR hors-exploitation

---

figure 2.4

la lecture du bilan fonctionnel selon le principe d'affectation

STOCKS D'EMPLOIS	STOCKS DE RESSOURCES
EMPLOIS ACYCLIQUES STABLES Immobilisations brutes (incorporelles, corporelles et financières)	RESSOURCES ACYCLIQUES STABLES · Fonds propres d'origine externe · Fonds propres d'origine interne · Emprunts à long et moyen terme (dont partie échéant à moins d'un an) *FDR FONCTIONNEL* (ressources acycliques stables moins emplois acycliques stables)
BESOIN DE FINANCEMENT LIE AU CYCLE D'EXPLOITATION OU BFDR D'EXPLOITATION	BFDR HORS-EXPLOITATION (éléments transitoires non liés au cycle d'exploitation)
	TRESORERIE (disponibilités + VMP − concours bancaires courants)

Note : VMP valeurs mobilières de placement.

La lecture du bilan fonctionnel, conduit à dégager la relation fondamentale suivante et la notion de *trésorerie* :

Trésorerie = FDR fonctionnel - BFDR exploitation - BFDR hors-exploitation
ou
Trésorerie = FDR fonctionnel - BFDR global (exploitation + hors-exploitation)

La trésorerie apparaît comme un résidu déterminé par différence entre le FDR fonctionnel et le BFDR global. Elle dépend des politiques qui fixent le montant du FDR fonctionnel et du BFDR global.

En supposant que les ressources stables couvrent les emplois stables et en négligeant le BFDR hors-exploitation, elle doit normalement être positive pour que la règle d'*équilibre fonctionnel*, résultant du principe d'affectation des ressources stables aux emplois stables, soit respectée.

La trésorerie compte tenu des identités comptables, peut également être mesurée par :

> Trésorerie = Actifs de trésorerie - Concours bancaires courants

Les actifs de trésorerie sont composés des disponibilités et des valeurs mobilières de placement. La trésorerie ne doit pas être confondue avec l'*encaisse* qui est égale aux disponibilités.

C. – l'utilisation du bilan fonctionnel dans le diagnostic du risque de faillite

1°). – La construction du bilan fonctionnel

La construction du bilan fonctionnel se fait à partir des bilans *avant répartition* des résultats. Les redressements à effectuer à partir du bilan comptable traditionnel se font avec l'objectif de *reconstituer la valeur d'origine des stocks d'emplois et des stocks de ressources* de façon à pouvoir analyser la politique de financement qui a été suivie.

Les principaux redressements sont les suivants :

1) les immobilisations doivent être retenues pour leur montant brut ; en conséquence, il faut ajouter au montant net, les amortissements et les provisions qui ont été comptabilisés ;

2) les immobilisations financées par crédit-bail doivent être réintégrées dans le bilan. Le montant financé est à inscrire dans les immobilisations brutes. De façon symétrique, cette correction implique que l'on inscrive en fonds propres internes, les amortissements qui auraient été comptabilisés (7) si l'entreprise avait été propriétaire des immobilisations. La différence qui correspond à la partie non amortie doit être inscrite en dettes financières stables.

---

(7) Ces informations sont normalement disponibles dans l'annexe aux comptes annuels.

Cette correction revient à considérer que le crédit-bail se substitue à un emprunt à long ou moyen terme ;

3) le BFDR d'exploitation doit être exclusivement constitué des postes du bilan lié au cycle d'exploitation ; il faut s'assurer que tous les postes liés à ce cycle ont bien été pris en compte. Il doit être estimé à partir des montants bruts des stocks et des créances clients. Il n'y a pas lieu de déduire les provisions selon l'optique fonctionnelle, l'objectif étant de mesurer le besoin financé ;

4) l'encours client inclus dans le BFDR d'exploitation doit être retenu pour son montant global, avant déduction par exemple du montant financé par escompte. Pour évaluer cet encours, qui représente le besoin entraîné par la politique de crédit client, il faut ajouter aux créances sur ventes, le montant des effets escomptés non échus (EENE) qui figure dans les engagements hors-bilan ;

5) les stocks de ressources propres doivent distinguer les fonds propres internes, provenant de l'autofinancement sécrété par l'entreprise (financement propre interne), des fonds propres externes qui résultent d'un apport (financement propre externe). Les fonds propres internes s'évaluent en faisant la somme des postes suivants : réserves, amortissement, provisions sur actif circulant, provisions pour risques et charges, report à nouveau, résultat net. Pour les apports externes, il ne faut prendre en compte que les sommes effectivement apportées par les actionnaires ;

6) les dettes financières sont constituées par l'ensemble des ressources remboursables qui entraînent le versement de frais financiers, dont le montant est fixé contractuellement. Les frais financiers à payer sont à classer dans le BFDR hors-exploitation ;

7) les dettes financières stables comprennent les emprunts à long et moyen terme (y compris la partie échéant à moins d'un an) ainsi que les comptes courants d'associés s'ils constituent des ressources stables ;

8) les concours bancaires courants sont composés des dettes financières contractées envers les banques pour couvrir des besoins de trésorerie résultant de l'exploitation courante (crédits de mobilisation, crédits de trésorerie,...). Sont assimilées à ces concours, les créances ayant été portées à l'escompte (EENE), ainsi que tous les financements de l'encours client qui apparaîtraient hors-bilan (affacturage...).

2°). — Principe d'affectation et diagnostic du bilan fonctionnel

Selon le principe d'affectation, les emplois acycliques stables (valeurs immobilisées brutes) et le BFDR d'exploitation doivent être couverts par des ressources acycliques stables (ressources propres et dettes financières stables). De façon équivalente, le FDR fonctionnel doit couvrir le BFDR d'exploitation. Si cette couverture n'est pas assurée, la trésorerie est négative ; l'entreprise doit faire appel à des concours bancaires courants, considérés comme instables. L'entreprise est alors jugée en situation de déséquilibre financier, donc de vulnérabilité.

Cette conception fonctionnelle de l'*équilibre financier* suppose que le FDR fonctionnel couvre le BFDR d'exploitation, *pour sa composante stable*. Il y a déséquilibre si la trésorerie est négative de façon *structurelle*, c'est-à-dire si des concours bancaires courants supposés précaires, financent des emplois stables.

Le BFDR d'exploitation connaissant dans la plupart des entreprises des fluctuations sensibles à l'intérieur de l'exercice comptable, sa mesure peut être fortement biaisée selon le choix de la date d'arrêté du bilan. Ce choix revêt donc une grande importance pour apprécier un éventuel déséquilibre. Comme il est fait le plus souvent à une date où la situation de l'entreprise apparaît sous un jour favorable, on suppose dans la majorité des cas qu'une trésorerie négative qui apparaît au bilan est de nature structurelle.

3o). — Le diagnostic du BFDR d'exploitation

Le diagnostic du BFDR d'exploitation s'effectue à partir des *ratios de rotation* qui sont calculés à partir des montants bruts des postes inclus dans le BFDR (avant déduction des provisions) et en respectant certains principes. En particulier, on doit rapporter un « stock » à un « flux » de même nature ; par exemple, le stock de produits finis doit être rapporté au flux du coût de revient de ce type de stock. Les ratios de rotation sont exprimés en jours en posant par convention qu'il y a 360 jours dans l'année (V. tableau 2.3, p. 60). La nature des jours diffère selon les ratios qui ne sont pas directement comparables ; ainsi le ratio clients évalué en jours de CATTC ne peut être comparé directement au ratio fournisseurs établi en jours d'achats et de prestations de services TTC.

4o). — La critique et les aménagements de la règle d'équilibre

La règle d'équilibre fonctionnelle part du principe selon lequel il n'est pas possible qu'une entreprise soit viable avec une trésorerie structurellement négative. En fait, l'observation des structures financières des entreprises montre qu'elles présentent souvent une trésorerie négative de façon structurelle, ce qui impliquerait qu'elles courent pour la plupart d'entre elles, un risque de faillite important. Une telle conclusion apparaît souvent exagérée et a conduit à contester cette règle.

La règle d'équilibre repose sur un postulat critiquable, celui de *précarité des concours bancaires courants*. Or, certains de ces

tableau 2.3

les ratios de rotation

Ratio de rotation	Mode de calcul	Nature des jours
BFDR d'exploitation	$\dfrac{\text{BFDR} \times 360}{\text{CAHT}}$	CAHT
Clients	$\dfrac{\text{Créances sur ventes} + \text{EENE}}{\text{CATTC}}$	CATTC
Stock de marchandises	$\dfrac{\text{Stock de marchandises} \times 360}{\text{Coût d'achat des marchandises vendues}}$	Coût d'achat des marchandises vendues
Stocks de matières premières et de matières consommables	$\dfrac{(\text{Stocks MP et MC}) \times 360}{\text{Consommation matières}}$	Consommations matières
Stocks d'encours et de produits semi-finis	$\dfrac{(\text{Stocks EC et SF}) \times 360}{\text{Coût EC et SF}}$	Coût des encours et des semi-finis
Stock de produits finis	$\dfrac{\text{Stock de produits finis} \times 360}{\text{Coût de revient}}$	Coût de revient
Fournisseurs	$\dfrac{\text{Frs} \times 360}{\text{Achats et prestations TTC}}$	Achats et prestations de services TTC

Remarque : pour les stocks d'encours, de produits semi-finis et de produits finis, on substitue la production (production vendue + production stockée) aux indicateurs de coût si on ignore ces derniers.

concours dits « revolving » sont renouvelés de façon quasi automatique, en fonction notamment des prévisions d'activité, et souvent le financement d'une bonne partie du BFDR d'exploitation est assurée de façon quasi certaine. S'il est incontestable qu'une bonne couverture du BFDR d'exploitation permet de limiter le risque de faillite, on ne peut cependant en conclure que ce risque soit insupportable au cas où cette règle est enfreinte. En conséquence, afin de corriger la sévérité de la règle d'équilibre, certains organismes financiers ont introduit des seuils critiques fondés sur l'importance des concours bancaires courants ou de la couverture du BFDR d'exploitation par le FDR fonctionnel.

Les seuils les plus utilisés sont les suivants :

1) les concours bancaires courants ne doivent pas dépasser deux mois de chiffre d'affaires ou être supérieurs à la moitié du BFDR d'exploitation ;

2) le FDR fonctionnel doit être supérieur à 50 % du BFDR d'exploitation.

De telles normes restent cependant arbitraires. Le niveau de FDR fonctionnel souhaitable dépend notamment de la variabilité du BFDR d'exploitation et du risque de faillite que les prêteurs sont disposés à supporter.

■■■ § 4. – un exemple de confrontation des conceptions patrimoniale et fonctionnelle

Comparons les conclusions de ces deux conceptions à partir des bilans de la société Navatte (V. tableau 2.4, p. 62).

Les opérations d'exploitation suivantes ont eu lieu au cours de l'exercice N. 12 000 unités au prix unitaire de 1 000 F ont été vendues à raison de 1 000 unités par mois. Les encaissements sur ventes ont été de 11 000 KF. 13 200 unités ont été fabriquées pendant la même période. Le coût de revient d'une unité est de 800 F, composé pour 50 % de coûts matières et pour 50 % de frais de personnel et autres charges externes (frais généraux). Les achats annuels de matières premières se sont élevés à 5 760 KF et les autres charges d'exploitation à 5 280 KF. Lors de l'exercice précédent N-1, le CAHT était de 8 000 KF et la structure des charges était identique ; le taux de TVA est de 18,6 % tant sur les ventes que sur les achats.

Les opérations d'investissement et de financement qui suivent ont été réalisées. L'entreprise a investi pour un montant de 10 000 KF et a contracté pour financer cet investissement un emprunt à moyen terme de 7 000 KF. Les fournisseurs d'équipement n'ont été réglés que pour 9 000 KF ; le solde sera versé au cours du prochain exercice. Une augmentation de capital a permis de lever 1 000 KF.

Une cession d'immobilisation s'est produite pour 200 KF ; la valeur nette comptable du bien cédé était de 100 KF (valeur d'origine 500 KF, amortie pour 400 KF). Le dividende prélevé sur le résultat de N sera de 500 KF ; il ne sera distribué que lors de l'exercice suivant, en N+1. Les frais financiers en N se sont élevés à 500 KF. Des concours bancaires courants supplémentaires ont été négociés pour un montant de 2 000 KF ; ils sont utilisés en fin d'exercice. L'entreprise est exonérée d'impôt sur les bénéfices. La dotation aux amortissements de l'exercice N a été de 1 000 KF et des dotations aux provisions pour dépréciation du stock de produits finis et pour dépréciation des créances-clients ont été pratiquées, respectivement pour 50 KF et pour 150 KF.

A. – le bilan patrimonial

Le bilan patrimonial est établi après répartition des résultats. Faute d'information sur les non-valeurs éventuelles, les capitaux propres n'ont pas fait l'objet de corrections. Les dettes sont classées en fonction de leur degré d'exigibilité. Les dettes à long et moyen terme (dettes > 1 an) comprennent les dettes exigibles à plus d'un

tableau 2.4

bilans de la société Navatte

Années	N-1	N
ACTIF		
Immobilisations brutes	20 000	29 500
- Amortissements	10 000	10 600
Immobilisations nettes	10 000	18 900
Stock de matières premières	500	980
Stock de produits finis	1 000	1 960
- Provision pour dépréciation	0	50
Clients	1 500	2 500
- Provision pour dépréciation	0	150
Autres créances d'exploitation	300	460
Disponibilités	400	700
Total actif	**13 700**	**25 300**
PASSIF		
Capital	1 000	2 000
Réserves	7 000	7 200
Résultat	300	800
Emprunts à moyen terme	4 000	10 500
Concours bancaires courants	400	2 400
Fournisseurs d'exploitation	600	950
Autres dettes d'exploitation	400	450
Fournisseurs d'équipement	0	1 000
Total passif	**13 700**	**25 300**

Remarques :
Les bilans présentés sont avant répartition des résultats.
La partie de l'emprunt à moyen terme remboursable à moins d'un an est de 500 pour N-1 et de 1500 pour N.

an. Les dettes à court terme regroupent les dettes exigibles à moins d'un an (dettes < 1 an), soit dans le bilan de N, les dettes auprès des fournisseurs (exploitation et équipement) et des autres créanciers d'exploitation, les dividendes à payer, la partie des emprunts à moyen terme remboursable à moins d'un an et les concours bancaires courants (V. tableau 2.5, p. 63).

Le FDR patrimonial fortement positif en N-1 devient négatif en N. Il y a dégradation de la situation financière selon cet indicateur. L'actif circulant ne permet plus de couvrir les dettes à court terme (V. tableau 2.6, p. 64).

Cette dégradation se confirme à la lecture des différents ratios patrimoniaux. Tous les ratios de liquidité sont en forte baisse. La liquidité excellente en N-1 devient très insuffisante en N. En particulier, le ratio de liquidité générale n'est plus que de 94 %. La conclusion est identique pour l'autonomie financière, qui de très satisfaisante est devenue limite en N à la suite de l'emprunt important contracté en N.

tableau 2.5

bilan patrimonial de la société Navatte

Années	N-1	N
ACTIF		
Actif immobilisé (> 1 an)	10 000	18 900
Actif circulant (< 1 an)	3 700	6 400
· Stocks et encours (montants nets)	1 500	2 890
· Créances d'exploitation (montants nets)	1 800	2 810
· Disponibilités	400	700
Total actif	**13 700**	**25 300**
PASSIF		
Capitaux propres (capital et réserves)	8 200	9 500
Dettes à long et moyen terme (> 1 an)	3 500	9 000
Dettes à court terme (< 1 an)	2 000	6 800
· Fournisseurs et autres dettes d'exploitation	1 000	2 400
· Partie remboursable à moins d'un an de l'emprunt à moyen terme	500	1 500
· Dividendes à payer	100	500
· Concours bancaires courants	400	2 400
Total passif	**13 700**	**25 300**
FDR patrimonial		
Actif circulant - Dettes à court terme	1 700	- 400
Capitaux permanents - Immobilisations nettes	1 700	- 400

Remarques :
1) Le résultat de N-1 de 300 a été mis en réserves pour 200 et distribué pour 100. Un dividende de 100 à payer est donc inscrit au bilan après répartition de N-1.
2) L'augmentation des capitaux propres pour N s'explique par les 1 000 d'augmentation de capital et les 300 de mise en réserves, le dividende prévu étant de 500 pour un résultat de 800.

B. – le bilan fonctionnel

Le bilan fonctionnel se construit à partir des bilans avant répartition des résultats, sur la base des montants bruts des différents postes et en fonction du principe d'affectation des ressources stables aux emplois stables.

tableau 2.6
ratios patrimoniaux

RATIOS PATRIMONIAUX	N-1	N
Ratios de liquidité		
· Liquidité générale :		
Actif < 1 an/Dettes < 1 an	185 %	94 %
· Liquidité réduite :		
(Actif < 1 an - Stocks) / Dettes < 1 an	110 %	52 %
· Liquidité immédiate :		
(Disponibilités + VMP) / Dettes < 1 an	20 %	10 %
Ratio d'autonomie financière		
Dettes > 1 an / Capitaux propres	43 %	95 %

tableau 2.7

bilan fonctionnel de la société Navatte

Années	N-1	N
FDR fonctionnel	**2 300**	**1 800**
Ressources acycliques stables	22 300	31 300
· Fonds propres externes (capital)	1 000	2 000
· Fonds propres internes (réserves + résultat + amortissements + provisions)	17 300	18 300
· Dettes financières stables	4 000	10 500
Emplois acycliques stables	20 000	29 500
· Immobilisations brutes	20 000	29 500
BFDR global	**2 300**	**3 500**
BFDR d'exploitation	2 300	4 500
· Stocks (montants bruts)	1 500	2 940
+ Créances d'exploitation (montants bruts)	1 800	2 960
- Dettes d'exploitation	1 000	1 400
BFDR hors-exploitation	0	- 1 000
Trésorerie = FDR fonctionnel - BFDR global	**0**	**- 1 700**
· Disponibilités	400	700
- Concours bancaires courants	400	2 400

Remarque : la rubrique dettes financières stables comprend la partie remboursable à moins d'un an ; le BFDR hors-exploitation est constitué des fournisseurs d'équipement.

La lecture de ces bilans permet de dire qu'au moment de l'arrêté du bilan, le FDR fonctionnel permet de faire face au financement du BFDR en année N-1 ; le recours aux concours bancaires courants sert à financer l'encaisse. En revanche, en année N, le FDR fonctionnel se dégrade et ne peut couvrir le BFDR qui s'est sensiblement accru. Il est nécessaire de recourir à des financements instables à court terme (concours bancaires courants) de façon substantielle. Ce recours serait encore plus important si on neutralisait l'incidence de la ressource transitoire de 1 000 constituée par le BFDR hors-exploitation.

L'origine de la dégradation se comprend aisément. L'accroissement des ressources acycliques stables de 9 000 dû principalement à l'emprunt à moyen terme et à l'augmentation de capital, a été insuffisant pour couvrir l'investissement de 10 000. Le BFDR d'exploitation à la suite de la croissance de l'activité s'est sensiblement accru, passant de 2 300 à 4 500 ; cette croissance se retrouve à un degré moindre pour le BFDR global grâce à la ressource provisoire liée au crédit des fournisseurs d'équipement. Pour faire face à la dégradation de la trésorerie, la société Navatte a accru ses concours bancaires.

On remarquera que le montant du FDR fonctionnel apparaît très différent du FDR patrimonial. En fin d'exercice, le FDR fonctionnel est positif de 1 800, alors que le FDR patrimonial est négatif de -400. Cet écart s'explique par la partie remboursable à moins d'un an des dettes à long et moyen terme, par les provisions et par les résultats.

tableau 2.8

ratios fonctionnels

RATIOS FONCTIONNELS	N-1	N
RATIOS DE DESEQUILIBRE		
Trésorerie en jours de CAHT	0	- 51
(FDR fonctionnel - BFDR d'exploitation) en jours de CAHT	0	- 81
Concours bancaires en jours de CAHT	18	72
FDR fonctionnel/BFDR d'exploitation	100 %	40 %
Concours bancaires/BFDR d'exploitation	17 %	53 %
RATIOS DE ROTATION		
Ratio BFDR d'exploitation en jours de CAHT	103,5	135,0
Ratio clients en jours de CATTC	56,9	63,2
Ratio stocks matières premières en jours de consommations	56,3	73,5
Ratio stocks produits finis en jours de coût de revient	56,3	73,5
Ratio fournisseurs en jours d'achats TTC	47,4	50,1

Les ratios fonctionnels permettent d'apprécier l'ampleur du déséquilibre et d'analyser plus précisément l'évolution du BFDR d'exploitation. Le déséquilibre inexistant en N-1 devient très prononcé en N puisque le FDR fonctionnel ne couvre plus le BFDR et que les concours bancaires représentent plus de deux mois de CAHT. Le BFDR d'exploitation croît fortement en termes de jours de chiffre d'affaires. Cette croissance est liée à la dégradation des ratios clients et stocks, que les ressources supplémentaires procurées par le léger allongement du crédit fournisseur sont loin de compenser. La croissance a provoqué une forte dégradation de la situation financière ; la couverture des investissements et de la variation du BFDR d'exploitation par les ressources stables a été insuffisante.

■■■■■■■■■■■■■■■■■■■■■■■■■■■■ section III
l'analyse dynamique du risque de faillite

Si l'analyse statique permet d'évaluer le déséquilibre financier à un moment donné, elle est insuffisante pour diagnostiquer et expliquer l'évolution de ce dernier. *A contrario*, l'analyse dynamique présente également des limites puisqu'elle ne permet pas d'apprécier l'ampleur du déséquilibre. Les deux types d'analyse apparaissent donc complémentaires et doivent être pratiquées simultanément.

■■ § 1. – notion de flux et concepts financiers associés

Deux types principaux de flux, les *flux de fonds* et les *flux de trésorerie* sont à la base du diagnostic du risque de faillite. Nous allons successivement les définir, montrer les relations qu'ils entretiennent et introduire les principaux concepts financiers qui leur sont associés.

A. – les flux de fonds

La notion de *flux de fonds* peut s'appréhender facilement par référence au bilan fonctionnel. Un flux de fonds apparaît comme une *variation de stocks* d'emplois ou de ressources. Les flux de fonds sont soit des *flux de fonds d'emplois*, soit des *flux de fonds de ressources*. Par rapport aux stocks d'emplois et de ressources qui constituent le bilan fonctionnel, les flux de fonds entretiennent les relations suivantes :

> Flux de fonds d'emploi = Accroissement d'un stock d'emplois
> ou diminution d'un stock de ressources
> Flux de fonds de ressources = Accroissement d'un stock de
> ressources ou diminution d'un stock d'emplois

Les flux de fonds d'emplois représentent des liquidités « immobilisées ». Par exemple, un investissement en immobilisations ou un accroissement du poste crédit client constituent des flux d'emplois. Comme corollaire, les flux de fonds correspondant à un « apport » de liquidités sont des flux de ressources. Les emprunts contractés au cours de l'exercice, ou une baisse de l'encours client représentent ainsi des flux de ressources.

B. – les flux de trésorerie

Les *flux de trésorerie* sont soit des flux *d'encaissement* (recette ou entrée de liquidités), soit de *décaissement* (dépense ou sortie de liquidités).

Pour les distinguer des flux de fonds, prenons l'exemple des investissements de la société Navatte, effectués pendant l'exercice N, qui ont été d'un montant de 10 000. Compte tenu du crédit accordé par les fournisseurs d'équipement, le décaissement n'a été que de 9 000. Le flux de fonds correspond aux 10 000 qui ont été engagés ; en revanche, le flux de trésorerie n'est que de 9 000 (investissements réglés). La différence entre les deux flux se retrouve au bilan dans le poste de dette envers les fournisseurs d'équipement pour un montant de 1 000. On peut également conclure à partir de cet exemple qu'un flux de fonds n'est qu'un *flux de trésorerie potentiel*.

C. – flux de fonds et flux de trésorerie : le tableau de variation de l'encaisse

Pour mieux cerner le lien qui existe entre les deux types de flux, construisons toujours à partir de l'exemple de la société Navatte, un *tableau de variation de l'encaisse* dont l'objectif est d'expliquer l'origine des variations des liquidités, autrement dit de l'encaisse. Ce document met en évidence les différents flux de trésorerie et flux de fonds, classés par cycles d'opération.

Il présente la structure suivante :

1) en lignes, il s'appuie sur la classification par cycles d'opération : exploitation, investissement et financement ;

2) en colonnes, il sépare les flux de trésorerie (colonne 1) et les flux de fonds (colonnes 2 et 3).

La colonne 1 est constituée des différents flux de trésorerie et permet d'évaluer la variation de l'encaisse par différence entre les flux d'encaissement et de décaissement.

La colonne 2 conduit à reconstituer la *variation des fonds propres internes* qui trouve son origine dans la *capacité d'autofinancement* (8). Cette variation est égale à la différence entre les *produits encaissables* (produits qui seront suivis d'un encaissement) et les *charges décaissables* (charges qui seront suivies d'un décaissement).

La colonne 3 regroupe tous les flux de fonds qu'on peut déterminer à partir des variations des postes du bilan fonctionnel *autres que les fonds propres internes*.

La relation entre les trois colonnes est la suivante :

Colonne 1	=	Colonne 2	−	Colonne 3
Flux de trésorerie	=	Flux de fonds (produits encaissables - charges décaisssables) fonds propres internes	−	Flux de fonds (poste correspondant du bilan fonctionnel autre que fonds propres internes)

A titre d'illustration, les recettes sur ventes (flux de trésorerie) sont égales aux ventes (produit encaissable à caractère de flux de fonds) diminuées de l'augmentation des créances sur ventes (flux de fonds). Pour la société Navatte, les encaissements sur vente sont de 11 000 et sont égaux aux ventes de 12 000 diminuées de l'augmentation des créances sur ventes de 1 000.

D. – les notions d'ETE, d'EBE et de variation du BFDR d'exploitation

La lecture du tableau de variation de l'encaisse permet de mettre en évidence une relation fondamentale au niveau du cycle d'exploitation.

1°). – La relation ETE = EBE - Variation du BFDR d'exploitation

L'ETE *l'excédent de trésorerie d'exploitation* constitue le flux de trésorerie sécrété par le cycle d'exploitation au cours de l'exer-

---

(8) La capacité d'autofinancement représente la variation des fonds propres internes à condition d'éliminer l'incidence des cessions et des dividendes.

tableau 2.9

société Navatte
tableau de variation de l'encaisse

FLUX DE TRESORERIE (+) Encaissements (-) Décaissements		FLUX DE FONDS détermination de la capacité d'autofinancement (+) Produits encaissables (-) Charges décaissables		FLUX DE FONDS - Variations des postes du bilan fonctionnel autres que le financement interne (+) E - Emploi (-) R - Ressource	
CYCLE D'EXPLOITATION					
· sur ventes	11 000	Ventes	12 000	- Var. créances sur ventes	1 000 E
	0	Production stockée	960	- Var. du stock PF	960 E
· sur autres créances d'expl.	-160			- Var. autres créances d'expl.	160 E
· sur achats	-5 410	Achats de MP	-5 760	- Var. fournisseurs	-350 R
	0	- Var. stock MP	480	- Var. stock MP	480 E
· sur autres charges	-5 230	Autres charges	-5 280	- Var. autres dettes d'expl.	-50 R
ETE	**200**	**EBE**	**2 400**	**- Var. BFDR EXPL.**	**2 200**
CYCLE D'INVESTISSEMENT	-8 800		0		8 000
· sur cession	200			- Cession	-200 R
· sur investissements	-9 000			- Investissements	10 000 E
				- Aug. fourn. d'équipement	-1 000 R
CYCLE DE FINANCEMENT	8 900		-500		-9 400
Augmentation de capital	1 000			- Augmentation de capital	-1 000 R
Emprunt à moyen terme	7 000			- Emprunt à moyen terme	-7 000 R
Var. concours bancaires	2 000			- Var. concours bancaires	-2 000 R
· sur frais financiers	-500	Frais financiers	-500	- Var. frais financiers à payer	0 R
· sur remboursement	-500			- Remboursement	500 E
· sur dividende	-100			- Dividende versé	100 E
VAR. ENCAISSE	**300**	**CAF**	**1 900**	**- SOLDE INVT & FINT**	**1 600**

Remarques :
1) L'encaisse initiale étant de 400 et l'encaisse finale de 700, la variation d'encaisse a été de 300 au cours de l'exercice.
2) Les dotations aux amortissements n'ont pas été indiquées comme charges liées au cycle d'investissement. Elles n'ont pas un caractère de flux de fonds, puisqu'elles n'entraînent pas de décaissement. On peut également souligner que les dotations aux provisions pour dépréciation des stocks et des créances-clients sont également des charges calculées (non décaissables) et n'interviennent pas dans la détermination des flux de fonds.
3) On peut vérifier qu'on retrouve les variations des différentes rubriques du bilan fonctionnel. Ainsi la CAF de 1 900 correspond bien à la variation de l'autofinancement cumulé de 1 500 (financement propre interne) pendant l'exercice, une fois que l'on a éliminé l'incidence de la cession (reprise d'amortissement de 400 et plus-value de 100) et du dividende distribué de 100. CAF = variation fonds propres internes + reprise amortissements - plus-value + dividende = 1 500 + 400 - 100 +100 = 1 900

cice. Les décalages entre les flux de fonds d'exploitation et les flux de trésorerie d'exploitation donnent naissance à une variation du BFDR d'exploitation ;

$$ETE = EBE - \text{Variation du BFDR d'exploitation}$$

soit pour la société Navatte, des montants respectifs de 200 = 2 400 - 2 200

L'EBE *l'excédent brut d'exploitation* est le flux de fonds sécrété par le cycle d'exploitation. Il s'évalue par différence entre les produits d'exploitation encaissables et les charges d'exploitation décaissables, c'est-à-dire qui conduisent à terme à un flux de trésorerie. Ainsi, la société Navatte sécrète un EBE de 2 400. Toutefois, ce montant ne se retrouve pas en termes de trésorerie. La variation du BFDR d'exploitation a absorbé un montant de 2 200 de liquidités potentielles sous forme d'accroissement des créances clients et des stocks. Finalement, l'ETE de 200 représente le montant des liquidités obtenues grâce aux opérations d'exploitation.

Les variations des différents postes du BFDR d'exploitation proviennent d'une part, des écarts entre l'enregistrement comptable des achats et autres frais et des ventes et autres produits et de leurs règlements respectifs pour les postes de dettes et de créances. D'autre part, les variations de stocks trouvent leur origine dans les décalages entre l'engagement des coûts et leur récupération lors des ventes.

La relation ETE = EBE - Variation du BFDR d'exploitation est très importante pour bien comprendre les mécanismes financiers.

Elle permet notamment de cerner la *différence entre résultat et trésorerie*, si on interprète l'EBE comme le résultat issu du cycle d'exploitation. Le fait de sécréter un résultat positif n'implique pas qu'il y ait une variation équivalente de la trésorerie. Ainsi, pour la société Navatte, alors que l'EBE est de 2 400, l'ETE n'est que de 200. Le solde a été absorbé dans le financement du cycle d'exploitation. Ce résultat confirme que l'EBE en tant que flux de fonds ne constitue qu'un flux de trésorerie potentiel.

Une entreprise fortement bénéficiaire peut ainsi connaître simultanément et paradoxalement des difficultés de trésorerie, si la variation du BFDR d'exploitation est supérieure à l'EBE. Ce type de situation se rencontre en particulier dans les entreprises connaissant une croissance telle que l'EBE ne suffit pas à financer le besoin de financement lié au cycle d'exploitation induit.

A contrario, dans les activités caractérisées par un BFDR d'exploitation négatif (par exemple, la grande distribution), la croissance entraîne fréquemment une variation du BFDR négative (c'est-à-dire une ressource) et l'ETE est supérieur à l'EBE. Les entreprises situées dans ce type d'activité connaissent le plus souvent une situation de trésorerie abondante. Supposons par exemple, qu'une société dégage un EBE de 2 000. Son BFDR en début d'exercice était négatif de - 10 000. A la suite d'une croissance de 30 % du chiffre d'affaires, le BFDR en fin d'exercice est de - 13 000. La variation du BFDR d'exploitation constitue une ressource de -3 000. L'ETE est de : ETE = EBE - Variation BFDR d'exploitation = 2 000 + 3 000 = 5 000.

2°). — Capacité d'autofinancement, autofinancement et cash-flow

Le tableau de variation de l'encaisse permet également de mettre en évidence les notions de *capacité d'autofinancement* et *d'autofinancement*.

La capacité d'autofinancement ou CAF représente le *flux de fonds propres interne qui reste à la disposition de l'entreprise pour s'autofinancer avant prélèvement du dividende*. Elle apparaît comme le flux de fonds final qui résulte de la différence entre les produits encaissables et les charges décaissables. L'*autofinancement* se déduit de la CAF en soustrayant le dividende prélevé sur le résultat.

> Autofinancement = CAF - dividende prélevé

Cette représentation est à la base de la méthode « descendante » ou « soustractive » de détermination de la CAF. Celle-ci se mesure en ajoutant à l'EBE les produits encaissables et en soustrayant les charges décaissables. Cette méthode a l'avantage de bien mettre en évidence le caractère de flux de fonds de la CAF et son processus de formation.

Pour la société Navatte, la CAF peut être mesurée à partir des éléments de la seconde colonne du tableau de variation de l'encaisse :

CAF = EBE - frais financiers = 2 400 - 500 = 1 900

et l'autofinancement est égal à CAF - dividende prélevé, soit 1 900 - 500 = 1 400. Ce dividende prélevé sur le résultat de N ne sera versé qu'en N+1.

Les identités comptables font qu'il est également possible de mesurer la CAF à partir d'une méthode alternative « ascendante » ou « additive ». Le fondement de cette méthode consiste à ajouter

tableau 2.10

le calcul de la CAF à partir de l'EBE
méthode descendante ou soustractive

Excédent brut d'exploitation EBE
+ Autres produits d'exploitation (encaissables)
- Autres charges d'exploitation (décaissables)
+ Produits financiers (sauf reprises de provisions)
- Charges financières (sauf dotations)
+ Produits exceptionnels (sauf cessions et reprises de provisions)
- Charges exceptionnelles (sauf VNC des cessions et dotations sur
  éléments exceptionnels)
- Impôts sur les bénéfices

= CAF

au résultat net, après neutralisation des plus et moins-values de cession, les charges « calculées » (non décaissables) et à déduire les produits « calculés » (non encaissables) de façon à reconstituer la CAF. Bien que cette méthode soit strictement équivalente à la première du point de vue de la mesure, elle a l'inconvénient de ne pas montrer le mode de formation de la CAF.

tableau 2.11

le calcul de la capacité d'autofinancement à partir du résultat net
méthode ascendante ou additive

Résultat net de l'exercice
+ valeur comptable des immobilisations cédées
- produits des cessions d'immobilisations
+ dotations aux amortissements (charge calculée non décaissable)
+ dotations aux provisions (charge calculée non décaissable)
- reprises de dotations aux provisions (produit calculé non
  encaissable)

= CAF

Pour la société Navatte, le résultat en N est de EBE - dotations aux amortissements - dotations aux provisions - frais financiers + plus-value sur cession, soit $2\,400 - 1\,000 - 200 - 500 + 100 = 800$. La CAF est égale au résultat augmenté des dotations et hors incidence de la plus-value sur cession soit, $CAF = 800 + 1\,000 + 200 - 100 = 1\,900$.

La CAF est souvent dénommée *cash-flow.* Comme la CAF est un flux de fonds et non un flux de trésorerie, la dénomination de cash-flow est très critiquable et peut conduire à des erreurs d'interprétation. Le cash-flow désigne parfois la variation de l'encaisse au cours de l'exercice et l'ETE est également qualifié de cash-flow d'exploitation. Compte tenu de ces imprécisions, il est préférable d'éviter de recourir au terme cash-flow.

■■ § 2. – le tableau de financement

Le bilan fonctionnel ne permettant pas d'analyser précisément l'évolution des emplois et des ressources, il convient de recourir à un outil spécifique, *le tableau de financement* ou *tableau d'emplois et ressources* (TER). Ce tableau est constitué à partir des flux de fonds.

A. – la structure du tableau de financement

Le TER permet d'étudier comment s'est réalisée *a posteriori* l'égalité des flux de fonds d'emplois et de ressources. Bien que d'autres formes de tableau de financement soient également utilisées, la forme la plus répandue est conforme à la structure du bilan fonctionnel et repose sur la distinction : variation du FDR fonctionnel, variation du BFDR et variation de la trésorerie. La structure du tableau de financement préconisé par le PCG 1982 est une variante très proche de cette présentation.

A partir des flux de fonds mis en évidence dans le tableau de variation de l'encaisse, construisons le TER de la société Navatte (V. tableau 2.12, p. 74).

B. – l'interprétation du TER

L'interprétation du TER conduit à porter un jugement sur la politique de financement afin de diagnostiquer le risque de faillite. Pour que l'analyse soit significative, il faut pouvoir disposer d'un historique minimum (par exemple trois ans).

1o). – La référence à la règle d'équilibre fonctionnel

L'interprétation du TER se fonde sur le respect de la règle d'équilibre FDR-BFDR-Trésorerie. Un accroissement de la trésorerie représente une évolution favorable et inversement. Le but de l'analyse est d'identifier les causes qui expliquent l'évolution de la couverture du BFDR d'exploitation par le FDR fonctionnel. Ainsi, pour la société Navatte, la trésorerie connaît une forte dégradation de -1 700 qui trouve son origine d'une part dans la

tableau 2.12

tableau de financement de la société Navatte

Variation du FDR fonctionnel	-500
Flux d'emplois · Investissements · Dividende versé · Remboursement d'emprunt Flux de ressources · CAF · Emprunt à long et moyen terme · Augmentation de capital · Cessions d'immobilisations	10 000 100 500 1 900 7 000 1 000 200
Variation du BFDR global	1 200
· Variation du BFDR d'exploitation + Variation du BFDR hors-exploitation	2 200 - 1 000
Variation de la trésorerie	- 1 700
· Variation des disponibilités - Variation des concours bancaires courants	300 2 000

Remarques :
1) La variation du FDR fonctionnel est égale aux flux de ressources acycliques stables diminués des flux d'emplois acycliques stables. Le FDR fonctionnel a baissé de 500 au cours de l'exercice.
2) Le BFDR d'exploitation a augmenté de 2 200 et la variation du BFDR hors-exploitation a représenté une ressource de 1 000 au cours de l'exercice.
3) Variation de trésorerie = Var. FDR fonctionnel - Var. BFDR global = -500 -1 200 = - 1 700. Cette variation de la trésorerie peut également se retrouver par différence entre la variation de l'encaisse de 300 (emploi) et la variation des concours bancaires de 2 000 (ressource).

variation négative du FDR fonctionnel de -500 et d'autre part, dans la croissance importante du BFDR d'exploitation de 2 200. La baisse du FDR s'explique par l'importance de l'investissement réalisé qui n'a pas été suffisamment couvert par des ressources stables. La dégradation aurait été encore plus importante, si la variation du BFDR hors-exploitation (-1 000) n'avait pas permis d'avoir temporairement une ressource liée au crédit accordé par les fournisseurs d'équipement.

Par rapport à la comparaison directe des bilans fonctionnels, le tableau de financement permet d'identifier précisément les causes de variation des rubriques fondamentales. L'analyse de l'évolution de la couverture du BFDR d'exploitation par le FDR fonctionnel conduit à privilégier l'analyse de l'évolution du BFDR d'exploitation et du FDR fonctionnel. Le caractère conjoncturel ou structurel des variations du BFDR d'exploitation en particulier doit être identifié.

2°). — Les deux dimensions de l'analyse du FDR fonctionnel

L'analyse de l'évolution du FDR fonctionnel porte sur deux dimensions : la *politique de financement de l'investissement* et la *capacité de remboursement.*

La politique de financement doit s'apprécier en fonction de la couverture des emplois par les ressources stables et notamment par les fonds propres. Pour la société Navatte, il y a dégradation évidente ; les ressources stables ne permettent pas de couvrir les investissements et la variation du BFDR d'exploitation. En outre, la part couverte par la CAF est très faible, inférieure à 20 % des investissements, ce qui révèle une faible autonomie financière.

La capacité de remboursement peut être appréhendée par deux ratios fondés sur la CAF :

- le ratio *Dettes financières stables / CAF*, qui permet d'évaluer le nombre d'années nécessaires au remboursement des dettes stables, en supposant qu'on affecte la CAF à ce remboursement. Certains analystes financiers estiment que sur longue période et en régime permanent, ce ratio doit être inférieur à 3 ou 4 ans.

Dettes financières stables / CAF < 3 ou 4 ans.

On constate que cette règle est enfreinte pour la société Navatte, où le montant des dettes financières stables en N représente plus de cinq fois la CAF ;

- le ratio *CAF / Remboursement des dettes financières stables ;* un ratio inférieur à l'unité signifie que l'entreprise est obligée de recourir à des fonds externes pour faire face au remboursement des dettes. Une telle situation si elle se perpétue, témoigne d'un risque de faillite important. Certains organismes demandent à ce que ce ratio soit supérieur à deux.

CAF / Remboursement des dettes financières stables > 2.

■ § 3. — l'analyse du risque de faillite fondée sur les flux de trésorerie

Les inconvénients liés au caractère potentiel des flux de fonds ont entraîné la mise en place de tableaux de diagnostic fondés sur les flux de trésorerie qui se sont généralisés sur le plan international.

A. – le tableau de flux de trésorerie

Les tableaux de flux de trésorerie s'appuient le plus souvent sur la structure par cycles d'opération (9) et permettent de mettre en évidence les flux qui se produisent entre l'entreprise et les apporteurs de capitaux. Un tel tableau peut être établi en reprenant les flux de trésorerie figurant dans la première colonne du tableau de variation de l'encaisse.

tableau 2.13

tableau de flux de trésorerie
société Navatte

Cycle d'exploitation : ETE	**200**
Flux sur cycle d'investissement	**- 8 800**
Flux sur cession	200
Flux sur investissements	- 9 000
Flux sur cycle de financement	**8 900**
· Flux liés aux actionnaires	**900**
Augmentation de capital	1 000
Flux sur dividende	- 100
· Flux liés aux créanciers financiers	**8 000**
Emprunt à moyen terme	7 000
Variation des concours bancaires	2 000
Flux sur frais financiers	- 500
Flux sur remboursement	- 500
Variation de l'encaisse	**300**

Ce tableau met très clairement en évidence l'insuffisance de l'ETE pour financer les investissements. Le cycle d'exploitation ne sécrète que 200 de liquidités pour faire face aux 8 800 de dépenses entraînées par le cycle d'investissement. Les fonds de 8 900 apportés par le cycle de financement (dont 8 000 par les créanciers financiers) permettent de couvrir ces besoins et même d'accroître légèrement l'encaisse de 300. Ce tableau révèle particulièrement nettement la situation de dépendance de la société Navatte pour financer sa croissance.

---

(9) L'Ordre des experts comptables et des comptables agréés ainsi que la centrale des bilans de la Banque de France préconisent l'utilisation d'un tel tableau sous une forme proche de celle qui est présentée.

B. – l'ETE comme mesure de la capacité de remboursement et de l'autonomie financière

La mesure de la capacité de remboursement à partir de la CAF présente de graves inconvénients, dans la mesure où celle-ci ne constitue qu'un flux potentiel de trésorerie. Une partie substantielle de la CAF pouvant être absorbée par la variation du BFDR d'exploitation, la CAF effectivement disponible pour les remboursements peut se trouver sensiblement amputée.

En conséquence, certains analystes (10) préconisent de retenir l'ETE pour apprécier la véritable capacité de remboursement de l'entreprise et retiennent une *règle plancher* consistant à couvrir au minimum les charges financières.

> ETE > Charges financières

Une version plus contraignante de cette règle prend en compte le prélèvement fiscal et la nécessité de couvrir également le remboursement des dettes financières stables.

> ETE - Impôt > Charges financières + Remboursement

Pour la société Navatte, l'ETE de 200 ne permet de faire face ni aux frais financiers de 500, ni au remboursement de l'emprunt également de 500. Le risque est élevé.

L'ETE peut également être utilisé pour évaluer l'autonomie financière en étant rapporté au flux d'investissement. Une faible autonomie témoigne d'un risque élevé, l'entreprise dépendant principalement de l'endettement pour financer ses investissements.

> Indicateur d'autonomie financière : (ETE - Impôt) / Investissement

---

(10) Notamment, J. GUILLOU, « Vers une nouvelle approche financière de l'entreprise » : *Analyse financière*, n° 38, 3e trimestre 1979.

section IV
les aides au diagnostic du risque : méthode des scores et systèmes experts

Le diagnostic du risque nécessite l'élaboration de nombreux outils (TSIG, bilans, tableau de financement, tableau de flux de trésorerie, ratios...). Plusieurs méthodes informatisées d'aide au diagnostic financier ont été élaborées afin de faciliter ce diagnostic, notamment les systèmes de prédiction de faillite fondés sur la *méthode des scores* (ou *scoring*) et les *systèmes experts*.

■ § 1. – la méthode des scores

Le diagnostic du risque de faillite a connu un développement important en recourant aux méthodes statistiques multidimensionnelles qui permettent d'analyser la situation financière à partir d'un ensemble de ratios donnés. La méthode statistique la plus utilisée est l'*analyse discriminante*.

Le principe de cette dernière est relativement simple. Connaissant les caractéristiques financières décrites au moyen de ratios, d'un ensemble d'entreprises qui comprend simultanément des entreprises saines et des entreprises défaillantes, l'analyse discriminante conduit à déterminer la meilleure combinaison linéaire de ratios permettant de différencier les deux groupes d'entreprises.

Les résultats obtenus permettent d'une part, de décrire de façon synthétique les caractéristiques des entreprises défaillantes et d'autre part, de prédire le risque de faillite que court une entreprise donnée.

Du point de vue descriptif, on obtient pour chaque entreprise, à la suite de l'application de l'analyse discriminante, un *score Z*, fonction d'un ensemble de ratios. La distribution des différents scores permet de distinguer les entreprises saines, des entreprises défaillantes.

Le score Z attribué à chaque entreprise s'évalue par une fonction linéaire du type :
$$Z = a_1X_1 + a_2X_2 + ... + a_nX_n$$
les variables X_i correspondant aux différents ratios introduits dans l'analyse et les cœfficients a_i aux cœfficients de pondération.

Connaissant cette *fonction de score*, l'utilisation prévisionnelle s'en déduit de façon immédiate. A partir des valeurs des différents ratios, on détermine le score de l'entreprise ; la valeur du score permet de la classer dans le groupe des entreprises défaillantes ou dans celui des entreprises saines. Une probabilité de défaillance peut être évaluée.

Par exemple, la fonction de score établie par la centrale des bilans de la Banque de France s'évalue selon le schéma indiqué par le tableau 2.14.

tableau 2.14

évaluation de la fonction score de la Banque de France

N° des ratios	Ratios	Coefficients des ratios de la fonction -1-	Valeur des ratios		Contribution des ratios au score 1 × (2 - 3) -4-
			de l'entreprise -2-	valeur pivot -3-	
R1	frais financiers/REB	- 1,255	80	62,8	- 21,6
R2	Couverture des capitaux investis	2,003	70	80,2	- 20,4
R3	Capacité de remboursement	- 0,824	30	24,8	- 4,3
R4	Taux de marge brute d'exploitation	5,221	7	6,8	1,0
R5	Délai crédit-fournisseur	- 0,689	90	98,2	5,6
R6	Taux de croissance de la valeur ajoutée	- 1,164	10	11,7	2,0
R7	Délai découvert-clients	0,706	90	79	7,8
R8	Taux d'investissements physiques	1,408	15	10,1	6,9
				100 Z =	- 23,0
				Z =	- 0,23

Source : Banque de France, Note d'information n° 65, septembre 1985, p. 9.

Trois zones sont distinguées selon la valeur du score Z : (1) Zone défavorable : score $Z < - 0,25$; (2) Zone d'incertitude : score $- 0,25 \leq Z \leq 0,125$; (3) Zone favorable : score $Z > 0,125$. Le score de - 0,23 indiquerait l'appartenance à la zone d'incertitude.

■ § 2. — les systèmes experts de diagnostic financier

Les systèmes experts constituent des modèles d'aide à la décision fondés sur les techniques d'intelligence artificielle ; ils résultent d'une modélisation de la démarche de diagnostic et s'appuient sur des données quantitatives et qualitatives. La Banque de France et le Crédit national notamment ont élaboré de tels systèmes de diagnostic.

Ces systèmes comprennent trois composantes :

1) une *base de connaissance* qui est constituée des règles et des faits de référence, par exemple des statistiques sectorielles. Les règles peuvent être issues de modèles théoriques mais également des pratiques des experts en matière de diagnostic. Le contenu de la base de connaissance est indépendant du cas étudié ;

2) une *base de faits* qui comprend les données nécessaires à la résolution du problème posé et qui est constituée par l'utilisateur ;

3) un *moteur d'inférence* qui permet de déduire les conclusions à partir des faits et des règles contenus dans les deux bases précédentes.

---

résumé

1) Le risque d'exploitation traduit la sensibilité du résultat d'exploitation à une variation du niveau d'activité et est associé à la notion de levier d'exploitation. Cette sensibilité peut s'estimer à partir de l'élasticité du résultat d'exploitation par rapport au niveau d'activité. La position par rapport au seuil de rentabilité d'exploitation constitue un indicateur du risque.

2) La position par rapport au seuil de rentabilité global représente une mesure du risque financier. Plus l'endettement est élevé, plus le risque financier est important.

3) Le diagnostic du risque de faillite repose sur l'analyse statique fondée sur le bilan et sur l'analyse dynamique qui s'appuie sur les flux.

4) L'analyse statique a recours à deux conceptions du bilan. La conception patrimoniale a pour objectif d'évaluer le patrimoine des actionnaires. La conception fonctionnelle propose une analyse de la politique financière.

5) Le bilan patrimonial s'appuie sur les notions d'actif net, de liquidité et d'exigibilité. Il conduit à proposer plusieurs outils de diagnostic : le FDR patrimonial, les ratios de liquidité et le ratio d'autonomie financière.

6) Le bilan fonctionnel permet d'analyser la politique financière en fonction de l'origine et de l'utilisation des capitaux investis. Selon le principe d'affectation, pour que l'équilibre financier soit assuré, il faut que les ressources stables financent les emplois stables, ou de façon équivalente que le FDR fonctionnel couvre le BFDR d'exploitation. Le déséquilibre associé à une trésorerie négative est réputé supportable dans la mesure où il respecte certaines normes. L'analyse du BFDR d'exploitation se fait au moyen des ratios de rotation.

7) L'analyse dynamique est fondée sur les flux de fonds et les flux de trésorerie. Les flux de fonds s'appréhendent à partir des variations du bilan fonctionnel et permettent de construire le tableau de financement.

8) La relation fondamentale ETE = EBE - Variation BFDR d'exploitation permet de comprendre la différence entre trésorerie et résultat. La capacité d'autofinancement représente le flux de fonds propres internes permettant à l'entreprise de s'autofinancer.

9) Le tableau de financement s'interprète en fonction de la règle d'équilibre fonctionnel. Différents ratios fondés sur la CAF permettent de mesurer la capacité de remboursement et l'autonomie financière. Les flux de fonds n'étant que des flux potentiels de trésorerie, le diagnostic établi à partir des flux de trésorerie et notamment de l'ETE est souvent plus pertinent.

10) Le diagnostic du risque peut être facilité par le recours à la méthode des scores et aux systèmes experts.

TROISIÈME PARTIE

INVESTISSEMENT FINANCEMENT ET ÉVALUATION

INTRODUCTION

Les règles fondamentales à mettre en œuvre, pour prendre les décisions d'investissement et de financement reposent sur le principe de maximisation de la valeur de l'entreprise. Un investissement n'est à entreprendre que s'il conduit à créer de la valeur.

La recherche financière a permis de déterminer un critère de choix totalement cohérent avec le principe de maximisation de la valeur, le critère de la valeur actualisée nette. Le chapitre 1 consacré à la décision d'investissement va nous permettre de préciser les fondements de ce critère, ses modalités d'évaluation et de critiquer les critères concurrents. Un certain nombre de principes relatifs à la gestion des investissements y seront également présentés.

La principale difficulté pour décider de la rentabilité d'un investissement, réside dans la détermination du taux d'actualisation, le coût moyen pondéré du capital. L'étude de ce dernier est faite au chapitre 2, où sont également présentées les principales méthodes d'évaluation des coûts des différentes sources de financement et où la question de la structure de financement optimale est posée.

Enfin, l'évaluation de l'entreprise est abordée au chapitre 3, dans la continuité de la décision d'investissement. La logique de l'évaluation repose principalement sur les méthodes actuarielles qui ont les mêmes fondements que celles qui prévalent en matière de choix des investissements et des financements.

chapitre 1

la décision
d'investissement

La décision d'investissement constitue la décision financière la plus importante car elle est à l'origine de la *création de valeur* par l'entreprise. Au-delà de l'expression financière des conditions de création de la valeur, leur fondement économique doit être clairement perçu. L'entreprise crée de la valeur dans la mesure où elle est à même de générer des *rentes économiques*, c'est-à-dire d'utiliser les ressources qu'elle se procure de manière plus efficace que ses concurrents.

L'identification des conditions nécessaires à la création de valeur faite en section I permet de définir le critère fondamental dans le choix des investissements, la valeur actualisée nette ou VAN. La mise en œuvre de ce critère se fait selon des principes bien établis qui sont présentés en section II. La section III permet de critiquer les critères de choix concurrents de la VAN. Enfin, les principaux aspects de la gestion des investissements sont développés dans la quatrième et dernière section.

le critère de la valeur actualisée nette

■ § 1. – la création de valeur, condition d'acceptation d'un investissement

Pour qu'il y ait création de valeur, la rentabilité de l'investissement doit être supérieure au coût de son financement. Illustrons ce principe par un exemple.

Soit un investissement d'une durée de vie d'un an, constitué par un équipement d'un montant de $I = 1\,000$. A la fin de l'année, il est inutilisable et fait l'objet d'une cession ; sa valeur de revente est de 100. Le flux de liquidités obtenu grâce à la vente des produits qu'il permet de fabriquer est de 3 000. Les flux de sortie correspondant aux matières acquises et aux frais de personnel sont de 1 500. On suppose que le taux d'imposition des résultats est nul.

Le financement se fait uniquement par capitaux propres. Compte tenu du risque présenté par l'investissement, les actionnaires requièrent un taux de 15 %, qui correspond à un taux sans risque de 10 % augmenté d'une prime de risque d'exploitation de 5 %. Ce taux représente la rentabilité que les actionnaires auraient pu obtenir en plaçant leurs fonds dans des investissements de même risque, par exemple en achetant les actions d'une entreprise de risque identique. Le coût du financement par capitaux propres équivaut à la rentabilité requise par les actionnaires ; il est donc de 15 %.

Évaluons la rentabilité de cet investissement à la fin de l'année après revente de la machine. Sur une année, le taux de rentabilité R d'un investissement s'évalue de la façon suivante. Soit P_0 la valeur du bien en début d'année, P_1 la valeur du bien en fin d'année et C_1 le flux de liquidités qu'il a permis de sécréter :

$$R = \frac{P_1 + C_1 - P_0}{P_0}$$

soit dans le cas de l'équipement : $P_0 = 1000$; $P_1 = 100$; $C_1 = 3\,000$ (flux liés à la vente des produits) - 1 500 (flux liés aux achats et aux frais de personnel) = 1 500.

$$R = \frac{P_1 + C_1 - P_0}{P_0} = \frac{100 + 1\,500 - 1\,000}{1\,000} = 60\ \%$$

Le taux de rentabilité étant supérieur au coût du financement de 15 %, l'investissement se révèle rentable et peut être accepté.

De façon à montrer comment la condition établie à partir des taux équivaut à une création de valeur, reprenons l'étude de l'investissement successivement en termes de *valeur future* (ou *valeur capitalisée*) puis de *valeur actualisée*.

L'investissement permet d'obtenir en fin d'année un flux de 1 600 (1 500 + 100). Toutefois, on ne peut comparer directement la somme de 1 600 obtenue en fin d'année à celle de 1 000 investie en début d'année. Les actionnaires auraient pu investir cette somme au taux de 15 % au lieu de la placer dans l'entreprise. De façon équivalente, cette alternative signifie que l'entreprise ne doit effectuer l'investissement que s'il permet d'offrir une rentabilité minimum de 15 % ; dans le cas contraire, elle ne pourrait satisfaire ses actionnaires.

Pour apprécier la rentabilité de l'investissement, il faut donc comparer :

 la *valeur future* obtenue en fin d'année en acquérant l'équipement : soit 1 600 ;

 la *valeur future* obtenue en fin d'année en plaçant le montant de l'investissement 1 000 au taux de 15 %, soit 1 150.

La comparaison montre que l'investissement est plus rentable qu'un placement au taux de 15 %. On tient compte ainsi du *coût d'opportunité* ou *coût de renonciation* représenté par le placement au taux de 15 % auquel auraient pu procéder les actionnaires. De façon équivalente, ce coût d'opportunité correspond également au coût de financement que l'entreprise évite en ne réalisant pas l'investissement.

Le raisonnement reste identique en ayant recours à la *valeur actualisée* (1). Dans ce cas, les valeurs au lieu d'être comparées en fin d'année, le sont en début d'année. *Le principe de l'actualisation consiste à évaluer aujourd'hui la valeur de flux futurs en tenant compte du coût d'opportunité pour l'investisseur.* Autrement dit, on compare :

- la valeur actualisée du flux futur de 1 600, soit VA = 1 600 / 1,15 = 1 391,3 ;
- et le montant à investir, soit I = 1 000.

La valeur actualisée du flux futur VA étant supérieure à celle du montant à investir I, l'investissement est rentable.

La *valeur actualisée nette (VAN) de l'investissement représente le supplément de valeur procuré par l'investissement à l'entreprise et à ses propriétaires.* Soit dans le cas présent :

$$VAN = VA - I = 1\ 391,3 - 1\ 000 = 391,3$$

La VAN étant positive, il y a bien enrichissement.

Comme on le voit, si le critère du taux de rentabilité permet bien de constater que l'investissement est rentable, *seul le critère de la VAN mesure la création de valeur.*

Que se passe-t-il si l'investissement au lieu d'être financé intégralement par capitaux propres, l'est pour partie par dette financière ? Dans cette hypothèse, le taux d'actualisation s'obtient par pondération entre le coût des capitaux propres qui correspond au taux requis par les actionnaires et le coût de la dette qui équivaut au taux requis par les créanciers financiers. Le taux d'actualisation représente le *coût moyen pondéré du capital* CMP, investi par les deux catégories d'apporteurs de capitaux.

Taux d'actualisation = Coût moyen pondéré du capital CMP

■ § 2. — les critères de la valeur actualisée nette et du taux interne de rentabilité

L'exemple précédent a permis de constater qu'il était équivalent en termes d'*acceptation* de l'investissement, de raisonner à partir de la VAN ou du taux de rentabilité. Cette conclusion et ces critères établis pour un investissement ne portant que sur une seule année et ne sécrétant qu'un seul flux, se généralisent aux investissements portant sur plusieurs périodes.

---

(1) On utilise de façon strictement équivalente les termes valeur actuelle ou valeur présente.

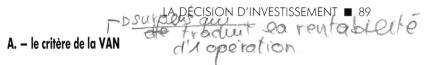

[annotation manuscrite : « – D surplus qui traduit ea rentabilité d'1 opération »]

A. – le critère de la VAN

1°). — La formulation du critère

Soit un investissement d'un montant I, sécrétant des flux de liquidités C_t sur n périodes ; le taux d'actualisation correspond au CMP. En supposant que ce dernier reste stable sur l'horizon considéré, la VAN de cet investissement s'évalue par :

$$VAN = \sum_{t=1}^{n} \frac{C_t}{(1 + CMP)^t} - I$$

L'investissement apparaît rentable si la VAN est positive.

---

encadré 1.1

évaluation de la VAN d'un investissement

Soit un investissement d'un montant de 1000 qui sécrète un flux de liquidités annuel de 300 pendant 5 ans. Le CMP correspondant au coût du financement est de 10 %. Évaluons la VAN de cet investissement.

$$VAN = \frac{300}{1,1} + \frac{300}{(1,1)^2} + \frac{300}{(1,1)^3} + \frac{300}{(1,1)^4} + \frac{300}{(1,1)^5} - 1\,000 = 137,2$$

L'investissement procure un supplément de richesse correspondant à la VAN de 137,2. La VAN étant positive, l'investissement est rentable et doit être entrepris.

2°). — La propriété d'additivité de la VAN

La VAN possède une propriété remarquable, celle d'additivité. Comme les VAN sont mesurées en unités monétaires, à la même époque, il est possible de les additionner. Ainsi, la VAN de la combinaison de deux projets d'investissement A et B, est égale à la somme des VAN de chaque projet.

$$VAN\ (A + B) = VAN\ A + VAN\ B$$

En conséquence, la valeur actualisée totale d'une entreprise est égale à la somme des valeurs actualisées des différents investissements qui la composent. Cette propriété fondamentale permet de simplifier la procédure de choix des investissements en décentralisant les décisions, les projets d'investissements pouvant être examinés séparément. Seul le critère de la VAN possède cette propriété.

B. – le critère du taux interne de rentabilité - TIR

De façon équivalente au cas d'une seule période, la condition d'acceptabilité de l'investissement correspondant à une VAN positive est transposable en termes de taux. Le taux interne de rentabilité TIR se détermine en résolvant l'équation suivante, où l'inconnue est le taux interne de rentabilité qui permet en actualisant les flux d'obtenir une VAN nulle :

$$VAN = \sum_{t=1}^{n} \frac{C_t}{(1 + TIR)^t} - I = 0$$

L'investissement est acceptable si le TIR est supérieur au coût du financement CMP. Cette règle est normalement équivalente à la règle de la VAN en matière d'*acceptation* de l'investissement. Toutefois, l'application de ce critère peut rencontrer certaines difficultés techniques (absence de taux ou présence de taux multiples). En outre, lorsqu'il y a confrontation de plusieurs projets, le choix indiqué n'est pas nécessairement le meilleur du point de vue de la VAN, car contrairement à cette dernière, le TIR n'est pas une mesure de la valeur créée.

---

encadré 1.2
évaluation du taux interne de rentabilité d'un investissement

Le TIR de l'investissement étudié précédemment est de 15,24 %. L'investissement serait accepté puisque le TIR est supérieur au CMP de 10 %.

$$VAN = \sum_{t=1}^{5} \frac{300}{(1 + TIR)^t} - 1000 = 0 \text{ et } TIR = 15,24 \%$$

section II
les modalités d'évaluation de la VAN

Le recours au critère de la VAN nécessite l'estimation des flux de liquidités entraînés par l'investissement. Celle-ci doit s'opérer de façon différentielle (avec et sans réalisation du projet d'investissement étudié), c'est-à-dire en identifiant toutes les incidences que peut avoir l'investissement sur les flux de liquidités de l'entreprise.

■ § 1. – l'estimation des flux de liquidités

L'estimation des flux peut se faire en distinguant trois phases dans la vie du projet d'investissement : la période initiale, les périodes intermédiaires et la période finale.

A. – la période initiale : la détermination du montant investi

Le montant de l'investissement se calcule en évaluant différentiellement, toutes les incidences directes ou indirectes que peut avoir le projet sur les liquidités de l'entreprise à la date initiale.

Il faut ainsi prendre en compte s'il y a lieu, et pour un projet donné :

- les fonds investis dans l'acquisition d'immobilisations corporelles, d'immobilisations incorporelles (brevets, marques, licences...), voire d'immobilisations financières ;

- les dépenses contractées à l'occasion de la mise en place de l'investissement (formation du personnel, frais de recherche...) ;

- le supplément de BFDR entraîné par le projet ;

- les coûts d'opportunité ; si par exemple, l'entreprise utilise un terrain dont elle dispose actuellement pour réaliser un nouvel investissement, le montant de l'investissement inclut les liquidités qu'elle aurait pu obtenir en vendant le terrain ;

- les effets induits sur d'autres projets ; ainsi, si le projet entraîne la cession de matériels obsolètes, le produit de cette cession diminue le montant investi ;

- les incidences fiscales ; toutes les sorties de fonds d'origine fiscale, quelle que soit la forme d'imposition, entraînées par le projet, directement ou indirectement et se produisant en période initiale doivent également être prises en compte.

A contrario, certaines dépenses ne sont pas à retenir. Ainsi, si des frais d'étude ont été engagés avant la période où se décide l'investissement, ils ne doivent pas être inclus dans le montant investi, car ils n'interviennent plus dans la décision ; il s'agit de dépenses passées qui sont à considérer comme fonds perdus (*sunk costs*).

B. – les flux de liquidités des périodes intermédiaires

Les flux de liquidités des périodes intermédiaires doivent être évalués en fonction des trois principes suivants :

1) *les flux à évaluer sont des flux de liquidités* à évaluer en fonction de l'incidence de l'investissement sur la trésorerie ;

2) *l'évaluation des flux doit se faire de façon différentielle*, toujours en fonction de l'incidence de l'investissement sur la trésorerie de l'entreprise ;

3) *l'évaluation des flux doit être indépendante des modalités de financement de l'investissement*. Les flux à évaluer sont des *flux d'exploitation* ; le calcul de l'impôt se fait en supposant que l'endettement est nul. Dans le critère de la VAN, le coût du financement est déjà pris en compte au moyen de l'actualisation au CMP. Si on retenait les frais financiers et les économies d'impôts liées à ces frais pour déterminer les flux, cela équivaudrait à inclure deux fois le coût du financement : une première fois en évaluant le flux, une seconde fois en actualisant.

C. – les flux de liquidités en fin de vie

En fin de vie, il faut évaluer la valeur résiduelle de l'investissement. Elle comprend le plus souvent deux éléments :

1) le flux provenant de la revente des immobilisations ; il s'agit du prix de cession corrigé de l'imposition des éventuelles plus ou moins-values sur cession ;

2) le flux provenant de la récupération du BFDR ; ce besoin en fin de vie est égal au besoin initial, corrigé des éventuelles variations qui sont intervenues pendant les périodes intermédiaires.

■ § 2. – un exemple d'évaluation de la VAN

Une étude réalisée (dont le coût a été de 100) pour apprécier la rentabilité d'un investissement de modernisation fait apparaître que le projet d'une durée de vie de cinq ans permettrait d'accroître le chiffre d'affaires de l'entreprise des montants suivants : 400 en année 1 ; 440 en année 2 ; 480 en année 3 puis 560 en années 4 et 5. La marge sur coûts variables est de 50 %. Par ailleurs, le projet entraînerait une diminution annuelle des charges fixes d'exploitation (hors amortissements) de 50.

Le montant des immobilisations est de 1 000 ; l'amortissement se fait selon le mode linéaire. La réalisation du projet entraînerait la cession d'un ancien équipement pour un montant après impôt de 100. A la fin des cinq années, la valeur résiduelle estimée des immobilisations (après prise en compte de la fiscalité) serait de 200. Le financement serait assuré pour 60 % par un emprunt d'une durée de 5 ans au taux de 11 %, le solde étant financé par fonds propres. Compte tenu d'un taux d'imposition de 40 %, le taux d'actualisation (égal au CMP) est de 10 %. Le projet entraîne également un accroissement initial du BFDR de 100 puis les augmentations successives suivantes au début de chaque année : 110 pour l'année 2, 120 pour l'année 3 puis 140 pour les années 4 et 5.

1) Évaluation de l'investissement initial

Le montant de l'investissement initial comprend 1 000 d'immobilisations et 100 de variation de BFDR. Par ailleurs, il faut déduire les 100 obtenus grâce à la cession de l'ancien équipement. Le montant investi est donc égal à : 1 000 + 100 - 100 = 1 000. Les frais d'étude sont des *sunk costs* et ne sont pas à prendre en compte.

2) Évaluation des flux intermédiaires

L'évaluation est faite dans le tableau 1.1. Les flux à retenir sont les flux de liquidités, déterminés après prise en compte de la variation du BFDR. Il ne faut pas soustraire les frais financiers liés à l'emprunt, les flux à actualiser étant les flux d'exploitation et le coût du financement étant pris en compte dans le taux d'actualisation. Les flux intermédiaires sont censés survenir en fin d'année (V. tableau 1.1, p. 94).

3) Évaluation du flux final en fin d'année 5

Il est composé de la récupération du BFDR pour 610 et de la valeur de cession des immobilisations pour 200.

4) Évaluation de la VAN et du TIR

La VAN se calcule en actualisant les flux de trésorerie, y compris le flux de cession au taux d'actualisation qui représente le CMP de 10 % :

$$\text{VAN} = \frac{120}{1,1} + \frac{122}{(1,1)^2} + \frac{114}{(1,1)^3} + \frac{138}{(1,1)^4} + \frac{1\ 088}{(1,1)^5} = 65,4$$

Le TIR qui s'obtient en cherchant le taux qui annule la VAN, est de 11,7 %.

La VAN étant positive et le TIR étant supérieur au CMP de 10 %, l'investissement est rentable et doit être entrepris.

tableau 1.1
évaluation des flux intermédiaires

Années	1	2	3	4	5
Accroissement du CA	400	440	480	560	560
Marge sur coûts variables	200	220	240	280	280
Diminution des coûts fixes	50	50	50	50	50
Variation de l'EBE	250	270	290	330	330
Dotations aux amortissements	200	200	200	200	200
Var. résultat d'exploitation	50	70	90	130	130
Impôt à 40 %	20	28	36	52	52
Flux de fonds après impôt (1)	230	242	254	278	278
Variation du BFDR	110	120	140	140	
Flux de trésorerie (2)	120	122	114	138	278
Récupération BFDR (3)					610
Cession					200
Flux de trésorerie à actualiser	120	122	114	138	1 088

Notes :
1) Flux de fonds = variation de l'EBE - impôt ; l'impôt est évalué sur la base du résultat d'exploitation hors incidence des frais financiers.
2) Flux de trésorerie = flux de fonds après impôt - variation du BFDR.
3) Récupération du BFDR = 100 + 110 + 120 + 140 + 140 = 610.

■ § 3. – les problèmes posés par la prise en compte de l'inflation

Si l'on utilise le critère de la VAN, la cohérence impose de prendre simultanément en compte les effets de l'inflation sur le taux d'actualisation et sur les flux de liquidités.

A. – taux d'actualisation et prise en compte de l'inflation

Le taux d'actualisation représente le CMP c'est-à-dire le coût de financement de l'investissement. Il est établi en fonction des taux de rentabilité requis par les actionnaires et les prêteurs, qui s'établissent sur le marché en fonction de l'offre et de la demande de capitaux. Ces agents tiennent compte des *anticipations de taux d'inflation* pour fixer les taux qu'ils requièrent ; ainsi, les taux observés sur le marché financier incluent le taux d'inflation anticipé. Si par exemple, le taux d'intérêt offert sur les obligations est de 7 % et que le taux d'inflation anticipé est de 2 %, le taux d'intérêt réel n'est que de 5 % (2). *L'évaluation du CMP à partir des taux constatés sur le marché financier implique que l'inflation est prise en compte dans le taux d'actualisation.*

B. – indexation des flux

De façon symétrique et pour assurer la cohérence de la démarche, les flux de liquidités prévisionnels doivent être évalués en tenant compte de l'inflation anticipée, autrement dit, il faut mesurer les flux en francs courants et non en francs constants.

On pourrait supposer *a priori* que le fait d'intégrer l'inflation tant au niveau des flux que du taux d'actualisation équivaut à une évaluation de la VAN où on retiendrait les flux en francs constants et un taux d'actualisation corrigé de l'inflation. En fait les deux démarches ne sont pas strictement équivalentes, car certaines composantes des flux telles par exemple que les économies d'impôt dues à la déductibilité des dotations aux amortissements ne sont pas indexées sur l'inflation. On peut montrer que *l'inflation induit une baisse de la rentabilité des investissements.*

---

section III
l'inadéquation des critères concurrents

Trois principaux critères concurrents sont utilisés dans la pratique des entreprises : la *période de récupération* (PR), le *taux interne de rentabilité* (TIR) et l'*indice de profitabilité* (IP). Ces différents critères présentent tous des inconvénients qui peuvent conduire à des choix d'investissement contraires à l'objectif de maximisation de la valeur de l'entreprise.

§ 1. – la période de récupération

La *période de récupération* (3) se définit comme le nombre d'années nécessaires pour récupérer les fonds investis. La récupération s'apprécie en faisant le cumul des flux de liquidités attendus de l'investissement.

---

(2) Approximativement, le taux réel est en fait de $(1,07 / 1,02) - 1 = 4,9$ %
(3) Ou *délai de récupération*, ou *pay-back period*.

encadré 1.3

évaluation de la période de récupération

Soit deux projets A et B, dont les caractéristiques sont les suivantes :

tableau 1.2

délai de récupération et VAN

Projet	Flux de liquidités				Période de récupération	Van à 10 %
	I	C1	C2	C3		
A	-1 000	1 000			1	-91
B	-1 000	500	500	2 500	2	1 746

En considérant un CMP de 10 %, le projet A serait éliminé selon le critère de la VAN, celle-ci étant négative. En outre, il est fortement dominé par le projet B qui accroît la valeur de l'entreprise de 1 746,1.

Supposons à présent que l'entreprise utilise le critère de la période de récupération et qu'elle élimine les projets pour lesquels les fonds ne seraient pas récupérés au terme de la première année. Selon ce critère, le projet B, dont la période de récupération est de deux ans serait éliminé, alors que le projet A serait accepté. Si le seuil d'acceptation était porté à deux années, les deux projets seraient acceptés. Dans les deux cas, les décisions sont contraires à ce qu'indique le critère de la VAN.

Le critère de la période de récupération souffre de trois principaux inconvénients :

1) tous les flux de liquidités ne sont pas retenus ; les flux qui surviennent au-delà de la période seuil ne sont pas pris en compte. Dans l'exemple précédent, cela pénalise fortement le projet B. D'une façon générale, ce critère favorise les investissements qui permettent une récupération rapide des fonds et *pénalise les investissements de long terme* ;

2) les flux de liquidités ne sont pas actualisés. Le critère ne tient pas compte du coût d'opportunité des fonds investis. On peut remédier à ce défaut en calculant une période de récupération actualisée ;

3) contrairement au taux d'actualisation qui reflète le CMP, aucune justification théorique ne permet de fixer le seuil d'acceptation, qui peut varier de façon très importante selon le secteur d'activité de l'entreprise.

■ § 2. – le taux interne de rentabilité

Le critère du TIR a précédemment été présenté comme équivalent à celui de la VAN ; un projet d'investissement est acceptable si le TIR est supérieur au CMP ou de façon équivalente si sa VAN est positive. Cette équivalence ne vaut que pour l'*acceptation* des projets d'investissement et à condition que le TIR soit unique. Cependant, l'utilisation du TIR peut entraîner des difficultés dans deux cas : 1) l'inexistence du TIR ou la présence de TIR multiples ; 2) la comparaison de projets.

A. – les cas particuliers : l'inexistence du TIR et la présence de taux multiples

1°). – L'inexistence du TIR

Pour certaines séquences de flux, le TIR n'existe pas. Considérons l'investissement suivant : I = 100 qui sécrète les flux C_1 = 200 et C_2 = - 150. Le CMP est de 10 %.
L'équation de détermination du TIR est :

$$\frac{200}{(1 + TIR)} - \frac{150}{(1 + TIR)^2} - 100 = 0$$

Cette équation n'ayant pas de racines réelles, il est impossible de déterminer un TIR. En revanche, si on évalue la VAN au taux de 10 %, on obtient VAN = - 42,1 et le projet est à rejeter.

2°). – La présence de plusieurs TIR

Avec certaines configurations de la séquence de flux de liquidités, il existe plusieurs taux internes de rentabilité. Ainsi, pour l'investissement suivant, on obtient deux taux.
Soit un investissement d'un montant initial de 1 600 KF, le flux de l'année 1 est de 10 000 et le flux de l'année 2 de -10 000. Le CMP est de 10 %. L'équation de détermination du TIR s'écrit :

$$\frac{10\ 000}{(1 + TIR)} - \frac{10\ 000}{(1 + TIR)^2} - 1\ 600 = 0$$

Les deux TIR solutions de cette équation sont respectivement de 25 % et 400 %. Comme ils sont supérieurs au taux d'actualisation, on devrait conclure à l'acceptation du projet. Cependant, la VAN est de -1 934 KF. Selon ce critère, le projet est donc à refuser.

Dans ce cas, le critère TIR s'avère inadéquat ; non seulement, il existe plusieurs TIR et aucun n'apparaît être plus fondé économiquement que l'autre, mais en outre la confrontation de ces taux avec le CMP donne une conclusion contraire à celle à laquelle conduit la VAN.

B. – les cas de classement contradictoire des projets

Une entreprise peut être amenée à choisir entre plusieurs projets (mutuellement exclusifs) et à établir un classement, or la VAN et le TIR peuvent indiquer des classements différents. Ces divergences peuvent avoir plusieurs origines : différence dans les montants investis ou dans les profils des séquences de flux.

Soit deux projets A et B mutuellement exclusifs dont les montants diffèrent ainsi qu'un troisième projet fictif H = B-A, dont le montant correspond à la différence des montants de A et de B et dont les flux sont constitués également par les différences de flux des projets A et B. Cet investissement est dénommé *investissement différentiel*. Le CMP est de 10 %.

tableau 1.3

comparaison de la VAN et du TIR

Projet	Montant	Flux de liquidités		TIR en %	VAN à 10 %
		C1	C2		
A	-1 000	600	800	24,3 %	206,6
B	-2 000	1 200	1 500	21,7 %	330,6
H = B - A	-1 000	600	700	18,9 %	124,0

Si les projets A et B sont acceptables selon les deux critères, en revanche, les classements apparaissent contradictoires. Le critère VAN conduit à choisir le projet B qui permet d'obtenir une VAN de 330,6 contre 206,6 au projet A. Le critère TIR aboutit à la conclusion contraire, le projet A a un TIR de 24,3 % contre 21,7 % au projet B.

Les deux projets étant de taille très différente, on peut s'interroger sur l'utilisation de la différence de fonds. Considérons la différence de capital investi de 1 000, existant entre les projets A et B ; elle permet d'obtenir un flux différentiel de 600, en fin de période 1 et de 700 en fin de période 2. Le TIR de l'investissement différentiel H ainsi constitué est de 18,9 % et sa VAN de 124. Le TIR étant supérieur au taux d'actualisation de 10 %, il est rentable de réaliser l'investissement différentiel. L'investisseur doit donc réaliser l'ensemble (projet A plus investissement diffé-rentiel), autrement dit, il doit choisir le projet B = A + H, choix conforme au critère de la VAN.

Pour l'investissement différentiel, les deux critères TIR et VAN indiquent la même conclusion, il faut choisir le projet B, qui seul conduit à maximiser la VAN.

La figure 1.1 permet d'illustrer ce cas de contradiction des cri-tères. Au-delà du *taux d'indifférence* de 18,9 % (taux d'actualisa-tion pour lequel il y a égalité des deux VAN), les deux critères donnent un classement identique. En revanche, pour un CMP de 10 % inférieur au taux d'indifférence, il y a bien contradiction des deux critères.

figure 1.1

confrontation des critères VAN et TIR

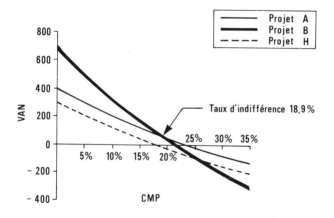

C. – l'origine des conflits entre VAN et TIR, l'hypothèse de réinvestissement des flux

L'origine des conflits entre la VAN et le TIR se situe dans les hypothèses de réinvestissement des flux qui sous-tendent ces deux critères. Ainsi, on peut montrer que pour la VAN les flux intermé-diaires sont supposés être réinvestis au CMP, alors que pour le TIR, l'hypothèse est que le réinvestissement se fait au TIR lui-même.

Illustrons cette différence à l'aide de l'exemple des deux projets A et B.

1) Critère de la VAN

Évaluons la valeur future VF des flux obtenus au terme des deux années en supposant un réinvestissement au CMP de 10 % :

$$VF \text{ (projet A)} = 600.(1,1) + 800 = 1\ 460$$
$$VF \text{ (projet B)} = 1\ 200.(1,1) + 1\ 500 = 2\ 820$$

En actualisant ces montants au CMP et en déduisant l'investissement initial, on retrouve les VAN respectives des deux projets, ce qui montre que le réinvestissement se fait bien au CMP.

$$VAN\ (A) = \frac{1\ 460}{(1,1)^2} - 1\ 000 = 206,6 \text{ et } VAN\ (B) = \frac{2\ 820}{(1,1)^2} - 2\ 000 = 330,6$$

2) Critère du TIR

La démarche est similaire pour établir que le réinvestissement dans le cas du TIR se fait bien au TIR lui-même. Dans ce cas, le taux de réinvestissement pour A est de 24,3 % et pour B de 21,7 %.

$$VF \text{ (projet A)} = 600.(1,243) + 800 = 1\ 546$$
$$VF \text{ (projet B)} = 1\ 200.(1,217) + 1\ 500 = 2\ 960$$

En actualisant ces deux valeurs avec les TIR respectifs, on retrouve bien entendu le montant initial de l'investissement :

$$\frac{1\ 546}{(1,243)^2} - 1\ 000 = 0 \text{ et } \frac{2\ 960}{(1,217)^2} - 2\ 000 = 0$$

Comme le réinvestissement au TIR n'a aucune justification économique alors que le choix du CMP comme taux de réinvestissement se justifie en dehors d'un rationnement des capitaux, le choix de la VAN est à retenir.

■ § 3. – l'indice de profitabilité

L'indice de profitabilité se calcule en rapportant la valeur actualisée des flux de liquidités sécrétés par le projet, au montant investi. Ainsi, pour les deux projets précédents A et B, de montants respectifs 1 000 et 2 000, la valeur actualisée des flux est de 1 206,6 pour A et de 1 330,6 pour B. L'indice de profitabilité est de :

Projet A : IP = VA / I = 1 + (VAN / I) = 1 + (206,6 / 1 000) = 1,207
Projet B : IP = 1 + (330,6 / 2 000) = 1,115

Les projets sont acceptables si l'indice est supérieur à 1, ce qui équivaut à une VAN positive. Les deux critères sont équivalents pour l'acceptation des projets. En revanche, comme pour le TIR, les classements obtenus peuvent diverger. Ainsi, l'indice de profitabilité accorde la préférence au projet A, alors que la VAN désigne le projet B. De même que pour le TIR, la contradiction peut être résolue en considérant l'investissement différentiel égal à la différence des montants des projets A et B.

L'indice de profitabilité de l'investissement différentiel H est de :
- montant de l'investissement différentiel : 1 000
- valeur actualisée des flux différentiels : 2 330,6 - 1 206,6 = 1 124
- indice de profitabilité : IP = 1 124 / 1 000 = 1,124

Par conséquent, il est rentable d'entreprendre B (égal à A + H), l'indice de profitabilité de l'investissement différentiel H étant supérieur à 1 et sa VAN étant positive. On retrouve le choix indiqué par la VAN.

L'utilisation de l'indice de profitabilité ne devient véritablement pertinente que lorsqu'il y a rationnement du capital.

---

encadré 1.4

indice de profitabilité et rationnement du capital

Soit une entreprise, dont le CMP est de 10 % ; le montant des capitaux disponibles est limité à 10 MF. Les opportunités d'investissement suivantes s'offrent à elle :

tableau 1.4

rationnement du capital et indice de profitabilité

Projet	Flux de liquidités			VAN à 10 %	Indice de profitabilité
	I	C1	C2		
A	-10	30	5	21	3,1
B	-5	5	20	16	4,2
C	-5	5	15	12	3,4

Les trois projets sont acceptables par le critère de la VAN, mais l'entreprise qui ne dispose que d'un montant disponible pour le financement de 10 MF, ne peut pas entreprendre simultanément les trois projets.

Le montant des capitaux étant limité, il faut rechercher leur utilisation optimale. L'indice de profitabilité calculé en rapportant la valeur actualisée des flux, au montant investi, donne un indicateur de la rentabilité relative des projets. Ainsi, le projet qui offre la meilleure rentabilité du capital investi est B (IP = 4,2), suivi de C, puis de A. En conséquence, compte tenu du montant disponible de 10 MF, l'entreprise choisira les deux projets B et C, qui rapportent ensemble une VAN de 28 MF, alors que A ne rapporte que 21 MF, pour un même montant d'investissement.

L'indice de profitabilité ne permet de résoudre que les cas simples de rationnement du capital, où il n'y a qu'une seule contrainte ; les cas plus complexes peuvent être résolus grâce à des techniques de programmation mathématique.

la gestion des investissements

La gestion des investissements diffère selon la nature des investissements ; un investissement qui conditionne l'ensemble de la stratégie de l'entreprise n'est ni décidé, ni géré de la même façon qu'un simple investissement de remplacement. En conséquence, le plus souvent, les entreprises établissent des catégories afin d'organiser la gestion des investissements. Les procédures de préparation des décisions et de contrôle varient en fonction de la catégorie dont relève l'investissement.

■ § 1. – les grandes catégories d'investissement

Une première distinction fréquemment faite, sépare les investissements en actifs financiers, des investissements de nature industrielle et commerciale. Les actifs financiers considérés sont détenus dans une optique stratégique ; ils correspondent à des prises de participation et contribuent à la réalisation de la stratégie industrielle et commerciale. L'opposition entre les deux types d'investissement recouvre la distinction stratégique entre *croissance interne* et *croissance externe* par acquisitions d'entreprises.

Une seconde classification ne porte que sur les investissements industriels et commerciaux et s'appuie sur des considérations stratégiques. Elle propose quatre catégories d'investissement :

1) les *investissements de remplacement* dont l'objet est de maintenir la capacité de production de l'entreprise. Ils répondent à un souci stratégique de maintien ;

2) les *investissements de modernisation* dont l'objectif est d'améliorer la productivité ;

3) les *investissements d'expansion* qui conduisent soit à accroître la capacité de production et de commercialisation des produits actuels, soit à lancer des produits nouveaux ;

4) les *investissements « stratégiques »* qui ont, soit un caractère offensif, visant par exemple à accroître la part de marché, soit un caractère défensif, avec par exemple, la recherche d'une protection des débouchés.

Selon le type auquel se rattache l'investissement, la procédure d'étude et de sélection varie. Ainsi, l'incertitude attachée à la rentabilité est en règle générale, beaucoup plus élevée pour un investissement d'expansion ou stratégique, que pour un investissement de remplacement. Par ailleurs, la nature des procédures est fonction du montant prévisionnel de l'investissement. L'étude d'un dossier relatif au remplacement d'un véhicule ne requiert pas le même approfondissement que celle d'un investissement stratégique de diversification mettant en cause, en cas d'échec, la pérennité de l'entreprise.

■ § 2. – les trois grandes étapes de la mise en œuvre d'un programme d'investissement

On distingue le plus souvent, au sein des grandes entreprises, un processus de mise en œuvre des programmes d'investissement comportant trois étapes :

1) *élaboration et sélection des investissements* : cette première étape, de nature préparatoire, consiste à présenter aux dirigeants de la société un ensemble de projets, regroupés en fonction des catégories de décision qu'ils utilisent. Dans ce but, il faut accomplir les opérations suivantes :

- recensement des projets d'investissements, présentation sous forme normalisée et quantification ;

- tri préliminaire afin d'éliminer les projets irréalisables ou en contradiction évidente avec les objectifs, les critères de choix et les compétences de l'entreprise ;

- regroupement en grandes catégories (modernisation, remplacement...) et en fonction de la nature des actifs et présentation aux dirigeants ;

- choix des projets par les dirigeants en fonction de la stratégie ;

2) *l'engagement des dépenses* ; cette procédure comprend très souvent deux phases :

- une première phase accomplie par la direction financière qui consiste à faire l'analyse détaillée de la rentabilité et de l'opportunité et à budgétiser les projets. L'utilisation des critères financiers de rentabilité intervient le plus souvent à ce niveau et complète la sélection effectuée pendant la première étape ;

- une seconde phase de réalisation et d'engagement de la dépense ; dans les grandes entreprises, le niveau hiérarchique de l'ordonnateur de la dépense varie en fonction du montant de la dépense ;

3) *le contrôle de la réalisation des investissements et de leur rentabilité* ; le but de ce contrôle *a posteriori* est de s'assurer que les dépenses et la rentabilité obtenue sont conformes aux prévisions. Si le projet est particulièrement important, il fera l'objet d'une procédure de suivi spécifique.

---

résumé

1) Un investissement est rentable s'il contribue à créer de la valeur. Il y a création de valeur si le taux de rentabilité de l'investissement est supérieur au coût de son financement ou de façon équivalente si la VAN est positive.

2) Le critère de la VAN mesure la valeur créée par l'investissement. Le taux d'actualisation correspond au coût moyen pondéré du capital CMP. La VAN présente la propriété d'additivité.

3) L'évaluation des flux de liquidités doit se faire de façon différentielle et en ignorant l'incidence des modalités de financement. Les flux doivent être estimés en francs courants et le taux d'actualisation doit tenir compte de l'inflation anticipée.

4) Les critères concurrents de la VAN, période de récupération, TIR et indice de profitabilité peuvent conduire à des choix non conformes à l'objectif de maximisation de la valeur.

5) Le TIR est équivalent à la VAN en matière d'acceptation des projets. En revanche, il peut indiquer des classements contraires à ceux obtenus par la VAN.

6) La gestion des investissements se fait en fonction de la catégorie à laquelle ils se rattachent. La mise en oeuvre d'un programme d'investissement comprend trois étapes : sélection, engagement des dépenses et contrôle.

chapitre 2

le coût moyen pondéré du capital

Le recours au critère de la VAN garantit que la sélection des investissements se fait conformément au principe de maximisation de la valeur de l'entreprise. Pour être utilisable, ce critère nécessite la détermination d'un taux d'actualisation, le taux de rentabilité minimum attendu de l'investissement projeté, autrement dit, le CMP qui correspond au coût du financement.

Il suffit *a priori* pour déterminer le CMP, d'évaluer successivement les coûts des capitaux propres et des dettes financières, puis de les pondérer en fonction de la structure de financement du projet. Toutefois, cette présentation dissimule une difficulté entrevue dans le chapitre introductif, le coût des capitaux propres correspond au taux de rentabilité requis par les actionnaires, qui est fonction du risque encouru qu'il soit d'exploitation, financier ou de faillite. Il en résulte que le coût des capitaux propres dépend lui-même de la structure de financement ; en particulier, il s'accroît avec l'endettement. La détermination du CMP doit en conséquence tenir compte de ce facteur, notamment si l'objectif recherché est de minimiser le CMP ou son corollaire la maximisation de la valeur de l'entreprise. Peut-on établir une structure de financement optimale qui serait associée au CMP minimal ?

La présentation des principales méthodes permettant d'évaluer les coûts des principales sources de financement fera l'objet de la première section. La seconde section sera consacrée à la détermination de la structure de financement et du CMP. Enfin, les modalités d'utilisation du CMP seront présentées dans une troisième section.

■■■■■■■■■■■■■■■■■■■■■■■■■■■■■■ section I
le coût des différentes sources de financement

Un certain nombre de modèles financiers fondamentaux permettent d'évaluer le coût des principales sources de financement, qu'il s'agisse des dettes financières ou des capitaux propres (1).

---

(1) Les modèles permettant d'évaluer les coûts des modes de financement hybrides tels que les obligations convertibles compte tenu de leur complexité sortent du cadre de cet ouvrage et ne feront pas l'objet d'une présentation. Le lecteur intéressé peut se reporter notamment à G. CHARREAUX, *Gestion financière*, 4e éd., Litec, 1993.

■ § 1. – les coûts du financement par emprunt et par crédit-bail

Les méthodes d'évaluation du coût des emprunts reposent sur les principes actuariels. Le coût du crédit-bail s'analyse en tant que mode de financement substituable à l'emprunt.

A. – le coût du financement par emprunt

1°). – Le taux actuariel

Le coût de la dette s'évalue par le *taux actuariel net* après impôt. Il s'agit d'un *coût explicite*, car il y a sortie effective de liquidités pour l'entreprise. Posons RB_t et FF_t, respectivement les remboursements en capital et les frais financiers payés en année t, M le montant emprunté, T le taux d'imposition et n la durée de vie de l'emprunt.

Le taux actuariel R_d après impôt est le taux d'actualisation qui permet d'égaliser le montant emprunté et la valeur actualisée des remboursements et des frais financiers après impôt, compte tenu de leur déductibilité :

$$M = \sum_{t=1}^{n} \frac{RB_t + FF_t \cdot (1-T)}{(1 + R_d)^t}$$

Cette relation doit être ajustée si l'emprunt comporte des primes d'émission et de remboursement qui modifient les montants reçus et remboursés. De même, il faut également tenir compte des frais (frais d'émission, commissions diverses...) pour obtenir le véritable coût.

2°). – L'établissement des tableaux d'amortissement

L'évaluation du coût d'un emprunt nécessite l'établissement du *tableau d'amortissement* où figurent les remboursements et les frais financiers. Les principes qui permettent d'établir les tableaux d'amortissement pour les deux modes de remboursement les plus répandus (amortissement constant et annuités constantes), sont simples.

Avant de les présenter, rappelons deux propriétés qui sont valides, quel que soit le système d'amortissement (2) : Soit A_t l'annuité de la période t constituée de l'amortissement du capital emprunté et des intérêts ($A_t = RB_t + FF_t$) ; l'annuité est payée

---

(2) Pour une démonstration, V. G. Charreaux, *op. cit.*

en fin de période ; i est le taux nominal et n la durée de vie de l'emprunt :

1) la somme des remboursements est égale au montant du capital emprunté ;

2) la somme actualisée au taux nominal des annuités est égale au montant emprunté.

$$M = \sum_{t=1}^{n} \frac{A_t}{(1 + i)^t}$$

Par ailleurs, les intérêts s'évaluent en appliquant le taux nominal i à la partie non remboursée de l'emprunt.

a) L'emprunt à amortissement constant

Pour un tel emprunt, l'amortissement annuel du capital est constant ; par conséquent, on dispose de la relation :

$$A_{t+1} - A_t = - (M / n) . i$$

Les annuités successives forment une progression arithmétique décroissante de raison - (M / n) i. La charge financière apparaît plus élevée en début de vie de l'emprunt.

encadré 2.1

l'évaluation du tableau d'amortissement
d'un emprunt à amortissement constant

Soit un emprunt d'un montant initial M de 10 000 et d'une durée de 5 ans ; le taux d'intérêt nominal est de 10 %. Établissons le tableau d'amortissement.

tableau 2.1

tableau d'amortissement d'un emprunt à amortissement constant

Année	Capital restant dû en début d'année	Annuité	Amortissement	Intérêt	Capital restant dû en fin d'année
1	10 000	3 000	2 000	1 000	8 000
2	8 000	2 800	2 000	800	6 000
3	6 000	2 600	2 000	600	4 000
4	4 000	2 400	2 000	400	2 000
5	2 000	2 200	2 000	200	0

b) L'emprunt à annuités constantes

L'annuité constante A qui comprend les remboursements et les intérêts s'évalue à partir des relations suivantes :

$$M = A. \frac{1 - (1 + i)^{-n}}{i} \text{ ou } A = M. \frac{i}{1 - (1 + i)^{-n}}$$

Les annuités étant constantes, les amortissements successifs forment une progression géométrique croissante de raison $1+i$

$$RB_{t + 1} = RB_t .(1 + i)$$

On constate qu'avec ce système d'amortissement, la charge financière avant déduction fiscale des intérêts est constante. En prenant en compte cette déduction fiscale, la charge est moins lourde en début de vie. Compte tenu du délai de réponse des investissements, une entreprise a donc intérêt à obtenir des emprunts à annuités constantes.

---

encadré 2.2

l'évaluation du tableau d'amortissement d'un emprunt à annuité constante

Construisons le tableau d'amortissement d'un emprunt de 10 000, d'une durée de 5 ans, au taux de 10 %, en supposant que l'annuité est constante.

Le montant de l'annuité constante $A = 10\ 000.\ 0,1\ /[1 - (1,1)^{-5}] = 2\ 637,97$

tableau 2.2

tableau de remboursement d'un emprunt avec amortissement par annuités constantes

Année	Capital restant dû en début d'année	Annuité	Amortissement	Intérêt	Capital restant dû en fin d'année
1	10 000,00	2 637,97	1 637,97	1 000,00	8 362,03
2	8 362,03	2 637,97	1 801,77	836,20	6 560,25
3	6 560,25	2 637,97	1 981,95	656,03	4 578,30
4	4 578,30	2 637,97	2 180,14	457,83	2 398,16
5	2 398,16	2 637,97	2 398,16	239,82	0,00

Les modalités de calcul restent identiques en cas de différé d'amortissement. Supposons un différé d'une année, l'entreprise verse 1 000 d'intérêt en fin de première année. L'annuité constante réévaluée sur une durée réduite de quatre années est de A= 3 154,71.

tableau 2.3

tableau d'amortissement d'un emprunt avec amortissement par annuités constantes et différé de remboursement

Année	Capital restant dû en début d'année	Annuité	Amortissement	Intérêt	Capital restant dû en fin d'année
1	10 000,00			1 000,00	10 000,00
2	10 000,00	3 154,71	2 154,71	1 000,00	7 845,29
3	7 845,29	3 154,71	2 370,18	784,53	5 475,11
4	5 475,11	3 154,71	2 607,20	547,51	2 867,92
5	2 867,92	3 154,71	2 867,92	286,79	0,00

3o). — Un exemple de calcul de taux actuariel

Considérons l'emprunt avec annuité constante, sans différé et supposons qu'il s'agisse d'un emprunt obligataire assorti d'une prime d'émission de 200, dont les frais d'émission sont de 300. Autrement dit, l'entreprise ne reçoit que 10 000 - 200 - 300 = 9 500. Le taux de l'impôt est supposé être de 40 %.

Pour évaluer le coût final, il faut déduire des annuités, l'économie d'impôt résultant de la déductibilité des intérêts.

tableau 2.4

évaluation des annuités après impôt

Année	Intérêt après impôt	Annuité après impôt
1	600,00	2 237,97
2	501,72	2 303,49
3	393,62	2 375,56
4	274,70	2 454,84
5	143,89	2 542,05

Le taux actuariel net après impôt exprimant le coût de l'emprunt est le taux d'actualisation tel que la valeur actualisée des annuités après impôt soit égale au montant perçu de 9 500. Ce taux est de

7,87 %. Il tient compte simultanément de la déductibilité fiscale, des frais d'émission et de la prime d'émission. Il s'écarte sensiblement du taux nominal de 10 %.

B. – le coût du financement par crédit-bail

Sur le plan juridique, le crédit-bail s'analyse comme une location accompagnée d'une option d'achat (promesse de vente de la part du bailleur). L'analyse économique apparaît différente. L'utilisateur est « économiquement » propriétaire du bien. Le crédit-bail ne constitue qu'un mode de financement particulier qui peut s'analyser comme un substitut à l'emprunt et dont le coût peut être évalué sous forme d'un taux actuariel.

Le *coût pour le locataire étant la contrepartie de la rentabilité pour le bailleur*, il suffit d'identifier les flux qui déterminent la rentabilité de l'opération pour ce dernier pour identifier les composantes du coût du crédit-bail.

Supposons que le bailleur ait acquis un bien d'un montant I = 1 000, dont la durée de vie est de cinq ans. Il amortit le bien de façon linéaire ; la dotation aux amortissements DA est de 200. Le loyer annuel perçu L est de 300 et la valeur de revente VR du bien en fin de 5e année de 20. Le taux de l'impôt T est de 40 %. Évaluons la rentabilité de cette opération sous forme de TIR pour le bailleur.

Le bailleur perçoit un flux de liquidités annuel après impôt C pendant les cinq ans égal à (3) :

$$C = (1 - T).L + T.DA = 0,6 . 300 + 0,4 . 200 = 260$$

Le TIR de l'investissement s'obtient en déterminant le taux R tel que :

$$\sum_{t=1}^{n} \frac{(1-T).L_t + T.DA_t}{(1+R)^t} + \frac{VR}{(1+R)^n} - I = 0$$

Soit pour l'exemple utilisé un taux R = 9,92 %.

Comme le coût du financement pour le locataire est égal au taux de rentabilité pour le bailleur, en posant M = I, le montant du financement équivalent obtenu par crédit-bail, le taux actuariel R du crédit-bail se déduit de la relation précédente :

---

(3) Le résultat avant impôt du bailleur est de (L - DA), l'impôt est de (L - DA).T. Le flux reçu par le bailleur est donc égal au loyer diminué de l'impôt, soit : L - [(L - DA).T] = L.(1 - T) + T.DA.

$$M - \sum_{t=1}^{n} \frac{(1 - T).L_t + T.DA_t}{(1 + R)^t} - \frac{VR}{(1 + R)^n} = 0$$

Le coût du crédit-bail est donc de 9,92 %.

L'analyse du coût du crédit-bail montre qu'en dehors de la valeur de l'option de rachat qui peut s'analyser comme un loyer résiduel, il comprend deux composantes :

1) une composante *explicite* $(1 - T).L_t$: le loyer après impôt ;

2) une composante *implicite* $T.DA_t$: le coût d'opportunité dû à la perte des économies d'impôt liées à la déductibilité fiscale des dotations aux amortissements, auxquelles l'entreprise locataire renonce en n'étant plus propriétaire.

■ § 2. — le coût des fonds propres

Le coût des capitaux propres est égal au taux de rentabilité requis par les actionnaires de l'entreprise. Deux principaux modèles sont utilisés pour l'évaluer. Le premier modèle est le plus traditionnel ; il repose sur l'actualisation des dividendes et ne prend pas en compte le risque de façon explicite. Le second modèle, plus récent en proposant une évaluation du risque permet de l'intégrer.

A. – le modèle d'actualisation des dividendes de Gordon et Shapiro

1°). — La logique du modèle

Selon le modèle de la valeur actualisée, la valeur d'une action est égale à la valeur actualisée des flux de liquidités anticipés qu'elle procure : dividendes et prix de cession. Le taux d'actualisation est le taux de rentabilité requis par les actionnaires, compte tenu notamment des perspectives de l'économie et du risque qu'ils encourent.

En désignant par DIV_t le dividende par action anticipé en période t, par P_n le cours de l'action à la fin de la période n qui constitue l'horizon d'investissement (P_n est le cours de revente) et R_c, le taux de rentabilité requis, le cours actuel du titre P_0 est tel que :

$$P_0 = \sum_{t=1}^{n} \frac{DIV_t}{(1 + R_c)^t} + \frac{P_n}{(1 + R_c)^n}$$

Ce modèle actuariel très général qui reflète le mode de formation du cours de l'action inclut comme cas particulier le modèle de Gordon et Shapiro qui suppose une croissance du *dividende par action* à un taux constant g sur un horizon infini.

En posant l'hypothèse $g < R_c$, on montre que le premier modèle prend la forme simplifiée suivante, en posant DIV_1 le dividende anticipé pour la première période :

$$P_0 = \sum_{t = 1}^{\infty} \frac{DIV_1 \cdot (1 + g)^{t-1}}{(1 + R_c)^t} = \frac{DIV_1}{R_c - g}$$

Le taux requis R_c par les actionnaires, qui correspond au coût des capitaux propres de l'entreprise se déduit de cette relation.

$$R_c = \frac{DIV_1}{P_0} + g$$

Cette relation constitue le *modèle de Gordon et Shapiro*. Selon ce dernier, le coût des capitaux propres comprend deux composantes :

1) une composante rendement : DIV_1 / P_0 ;
2) une composante croissance du dividende par action : g

L'interprétation de cette relation doit être faite prudemment. Ainsi R_c le taux requis par les actionnaires ne dépend pas paradoxalement de la politique de dividendes (4), mais des perspectives de l'économie et des caractéristiques en termes de risque d'exploitation et de risque financier de l'entreprise. En conséquence, toutes choses égales par ailleurs, un taux de croissance du dividende par action g élevé n'implique pas un coût des fonds propres plus important ; il y a compensation entre la *composante rendement* et *la composante croissance*. Une forte distribution diminue la croissance et inversement, une rétention importante accélère la croissance.

2°). — L'utilisation du modèle

L'évaluation du coût des capitaux propres à partir de ce modèle pose principalement le problème de l'estimation du taux de croissance du dividende par action g. La difficulté peut être résolue

---

(4) On montre que compte tenu des hypothèses qui sous-tendent le modèle, la politique de dividendes est neutre, c'est-à-dire qu'elle n'influence pas la valeur de l'entreprise. Les arguments qui justifient ce résultat sont présentés au chapitre 1, quatrième partie.

par exemple en extrapolant les tendances passées ou de façon plus rigoureuse en ayant recours à une modélisation de la croissance des capitaux propres fondée sur la relation de l'effet de levier financier.

D'après cette relation, on sait que :

$$K_c = K_a + [K_a - K_d] . \frac{D}{CP}$$

les taux K_c, K_a représentant les taux de rentabilité des capitaux propres et économique attendus et après impôt. K_d désigne le coût de la dette attendu après impôt, et D et CP les montants de la dette financière et des capitaux propres (mesurés à partir des valeurs comptables).

Si les bénéfices sont entièrement réinvestis, le taux de croissance des capitaux propres est égal au taux de rentabilité des capitaux propres K_c. Pour un taux de rétention des résultats b, le taux de croissance du dividende sera de $g = b.K_c$. En supposant que le dividende représente une part constante (1-b) du résultat, son taux de croissance est identique à celui des fonds propres.

$$g = b.K_c = b. \left[K_a + [K_a - K_d] . \frac{D}{CP} \right]$$

Bien entendu, ce taux ne peut être utilisé directement comme taux de croissance du dividende par action que si le nombre d'actions reste identique. Dans le cas contraire, il faut procéder à un ajustement (5).

Le taux de croissance du dividende dépend des différentes variables qui déterminent l'effet de levier financier (taux de rentabilité économique, coût de la dette, taux d'imposition et ratio d'endettement) et du taux de rétention des bénéfices. Toutes choses égales par ailleurs et en supposant un coût de la dette inférieur au taux de rentabilité économique, *l'endettement permet d'accroître le taux de croissance.* Pour un endettement nul, le modèle permet de déterminer le taux de croissance que l'on peut atteindre par financement interne. L'utilisation de ce modèle suppose que le niveau du risque d'exploitation, la structure de financement et le taux de rétention sont constants.

---

(5) Une augmentation de capital impliquant une augmentation du nombre d'actions entraînera toutes choses égales par ailleurs, une dilution du dividende par action et une baisse du taux de croissance du dividende par action.

encadré 2.3

l'évaluation du coût des capitaux propres
par le modèle de Gordon et Shapiro

Soit une entreprise dont les montants respectifs des capitaux propres et des dettes financières sont de CP = D = 1 000. Le taux de rentabilité économique après impôt est K_a = 18 %. Le coût de la dette après impôt est K_d = 6 %. Le taux de rétention des bénéfices b = 40 %. Le dividende anticipé pour la première année DIV_1 est de 180 et le cours actuel P_0 est de 3 000. Le taux de l'impôt est T = 40 %.

Selon le modèle de croissance le taux de croissance g est de :

$$g = b.K_c = b. \left[K_a + (K_a - K_d). \frac{D}{CP} \right] = 0,4. \left[0,18 + (0,18 - 0,06). \frac{1\,000}{1\,000} \right] = 12\ \%$$

et le coût des fonds propres de :

$$R_c = \frac{DIV_1}{P_0} + g = \frac{180}{3\,000} + 12\ \% = 18\ \%$$

Que se passerait-il si l'entreprise diminuait son taux de rétention à 30 % ? Le dividende augmenterait de 180 à 210 faisant passer la composante rendement à 7 % au lieu de 6 %. Toutes choses égales par ailleurs, le supplément de dividendes devrait être financé par une augmentation de capital de même montant, soit 30 qui représente 1 % de la valeur de l'action 3 000, d'où un taux de croissance du dividende par action corrigé de 12 % - 1 % = 11 %. Le taux requis R_c garderait la même valeur de 18 %.

B. – l'évaluation du coût des capitaux propres par le modèle d'équilibre des actifs financiers

1°). – Le modèle d'équilibre des actifs financiers - MEDAF

Conformément à la logique financière, on observe sur les marchés financiers une corrélation positive entre la rentabilité obtenue et le risque encouru. Ainsi, sur le marché américain, les résultats suivants ont été obtenus sur la période 1926-1988 (V. tableau 2.5, p. 116).

Comme on peut le vérifier, les actions qui constituent une forme d'investissement plus risquée que les obligations, offrent une rentabilité plus élevée.

tableau 2.5

rentabilité et risque des placements financiers
sur le marché américain

Placements	Taux de rentabilité moyen en %	Ecart type en %
Actions	12,1	20,9
Obligations des sociétés	5,3	8,4
Bons du Trésor	3,6	3,3

Source (6) : IBBOTSON et SINQUEFIELD, 1989.

Le MEDAF se traduit par une relation (7) qui permet de quantifier cette liaison entre risque et rentabilité et d'évaluer la prime de risque requise par un investisseur.

$$R_c = R_F + \beta_c . [R_M - R_F]$$

Établie pour un *marché financier en équilibre*, cette relation indique le taux requis R_c pour une action donnée. Ce taux comprend deux composantes :

1) R_F le taux de rentabilité de l'actif sans risque ou *taux sans risque*, taux requis pour un placement sans risque sur le marché financier, par exemple, le taux des obligations d'État ;

2) une *prime de risque* $\beta_c . [R_M - R_F]$ fonction du *coefficient de sensibilité* β_c, mesurant le risque et de la *prime de risque de marché* $[R_M - R_F]$; le taux R_M étant le taux de rentabilité attendu pour l'ensemble du marché, représenté par exemple par l'indice de marché.

La représentation graphique de cette relation est une droite dénommée *droite des titres*. À l'équilibre du marché, tous les titres sont situés sur cette droite.

Le coefficient de risque β_c représente la *sensibilité* du taux de rentabilité d'une action par rapport aux fluctuations du taux de rentabilité de l'ensemble du marché. Le coefficient β_c est

---

(6) R.-B. IBBOTSON et R.-A. SINQUEFIELD, *Stocks, Bonds and Inflation*, Yearbook, Ibbotson Associates, 1989.

(7) Pour une démonstration, V. B. JACQUILLAT et B. SOLNIK, *Marchés financiers : gestion de portefeuille et des risques*, Dunod, 1989.

figure 2.1

droite des titres et relation du MEDAF

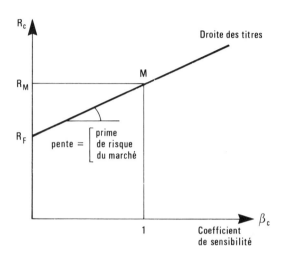

égal (8) à Cov (R_c, R_M) / Var_M ; il peut être estimé de façon historique en effectuant une régression linéaire des taux de rentabilité de l'action considérée sur ceux de l'indice de marché, il correspond alors à la pente de la droite de régression.

La valeur obtenue permet d'apprécier le risque. Ainsi, la rentabilité d'une action dont le coefficient $ß_c$ est de 1,5, fluctue de 1,5 % lorsque l'indice de marché varie de 1 %. Plus le ß est élevé plus le risque est important. Les titres ayant des ß supérieurs à 1 présentent un risque plus élevé que le risque moyen du marché et inversement.

2°). — Risque systématique et risque spécifique

Le coefficient $ß_c$ est également dénommé *coefficient de risque systématique* ou de *risque de marché*, terme qui s'explique en fonction de la décomposition que l'on peut faire du risque d'un titre en *risque de marché* (ou *systématique*) et en *risque spécifique*.

---

(8) $Cov(R_c, R_M)$ représente la covariance entre le taux de rentabilité de l'action et le taux de rentabilité du marché ; $Var(R_M)$ est la variance du taux de rentabilité du marché. La covariance permet d'apprécier la corrélation des fluctuations entre la rentabilité du titre et celle du marché.

Rappelons que le risque de marché résulte des événements imprévus qui ont une incidence sur l'ensemble des titres, par exemple un conflit militaire. Le risque spécifique trouve au contraire son origine dans les événements qui n'influent que sur le titre considéré, par exemple, l'échec d'une campagne de publicité.

Ces deux types de risque ont des conséquences très différentes. Le risque spécifique qui ne concerne qu'une action, peut être éliminé par *diversification* ; il suffit que l'investisseur détienne un portefeuille suffisamment diversifié pour qu'il y ait compensation entre les risques des différents titres, les gains réalisés sur certains titres compensant les pertes subies sur d'autres titres. Ce type de risque est en conséquence dénommé également *risque diversifiable*.

En revanche, le risque systématique ne peut par définition être éliminé par diversification puisqu'il affecte l'ensemble des titres du marché ; les investisseurs sont obligés de le subir (9) et requièrent en conséquence une prime de risque destinée à les dédommager. Dans la mesure où le coefficient β_c mesure la sensibilité de la rentabilité d'une action relativement aux fluctuations de celle de l'ensemble du marché, il constitue une mesure du risque de marché. La prime de risque requise par les investisseurs ne dépend donc que du risque systématique, aucune rémunération n'étant demandée pour le risque spécifique éliminable sans coût par diversification.

3°). — La décomposition de la prime de risque

Le coefficient de risque β_c traduit lui-même deux types de risque déjà évoqués, le risque d'exploitation et le risque financier. Il peut faire l'objet d'une décomposition permettant de séparer ces deux sources de risque. Ainsi, le coefficient β_c d'une action peut s'exprimer de la façon suivante (10) :

$$\beta_c = \beta_a . \left[1 + (1 - T) . \frac{D}{CP} \right]$$

β_a étant la composante du risque systématique qui ne dépend que des éléments déterminant la rentabilité d'exploitation et indépen-

---

(9) Il existe des modes de protection contre ce type de risque qui bien entendu sont coûteux.

(10) Cette relation se démontre simplement. Conformément au MEDAF, $R_c = R_F + \beta_c.[R_M - R_F]$; $R_a = R_F + \beta_a.[R_M - R_F]$. Par ailleurs, $R_c = R_a + (1 - T).(R_a - R_F).D/CP$. La combinaison de ces relations permet d'obtenir le résultat présenté. Pour une démonstration détaillée, V. G. CHARREAUX, *op. cit.*

dants de la politique de financement. Ce coefficient est dénommé ß *d'exploitation* ou ß *économique* par opposition au coefficient $ß_c$ qui représente le ß *fonds propres*. Dans cette relation, le ratio d'endettement D/CP est mesuré à partir des valeurs de marché des dettes et des capitaux propres.

En associant la relation fondamentale du MEDAF et la décomposition du $ß_c$, on montre que le taux requis comprend outre le taux de rentabilité sans risque, deux primes de risque respectivement associées au risque d'exploitation et au risque financier, la somme des deux constituant la prime de risque totale.

$$R_c = R_F + ß_a . [R_M - R_F] + ß_a . [R_M - R_F]. (1 - T). \frac{D}{CP}$$

1) $ß_a.[R_M - R_F]$ représente la *prime de risque d'exploitation* ;
2) $ß_a.[R_M - R_F].(1 - T).$D/CP correspond à la *prime de risque financier* ; elle est d'autant plus importante que l'endettement est élevé.

---

encadré 2.4

l'évaluation du coût des capitaux propres par le MEDAF

La société Couret souhaite investir dans un projet dont le risque d'exploitation est conforme au risque moyen de ses investissements. Le $ß_c$ de la société constaté sur le marché boursier est de 1,5. Le ratio d'endettement de l'entreprise D/CP est de 1. La structure de financement du projet est supposée identique. Le taux de l'impôt est de 40 %. Évaluons le coût des capitaux propres à retenir pour ce projet, sachant que le taux sans risque est de 10 % et que le taux de rentabilité anticipé pour le marché est de 14 %.

$$R_c = R_F + ß_c.[R_M - R_F] = 0,1 + 1,5.[0,14 - 0,10] = 16 \%$$

Le coût des capitaux propres comprend le taux sans risque de 10 % et une prime de risque de 6 %. Il est possible de décomposer cette prime en évaluant tout d'abord le $ß_a$ d'exploitation.

$$ß_a = \frac{ß_c}{\left[1 + (1 - T).\frac{D}{CP}\right]} = \frac{1,5}{[1 + (1 - 0,4).1]} = 0,9375$$

La prime de risque totale se répartit comme suit :
Prime de risque d'exploitation : $ß_a.[R_M - R_F] = 0,9375.0,04 = 3,75 \%$

Prime de risque financier : $ß_a.[R_M - R_F].(1 - T).\frac{D}{CP} = 0,9375.0,04.0,6.1 = 2,25 \%$

■■■■■■■■■■■■■■■■■■■■■■■■■■■ section II
structure de financement et évaluation du coût moyen pondéré du capital

Selon le modèle de la VAN, la valeur de l'investissement varie de façon inverse au CMP ; il est équivalent de maximiser la valeur actualisée ou de minimiser le coût des capitaux investis. Ce raisonnement s'applique à l'entreprise considérée comme un investissement global, puisque sa valeur totale compte tenu du principe d'additivité de la valeur actualisée n'est que la somme des valeurs des investissements qui la composent. Il conduit également à rechercher la structure de financement optimale, qui permettrait de minimiser le CMP et de maximiser la valeur. Compte tenu de l'interdépendance entre le coût des capitaux propres et la structure de financement, la recherche de cette structure optimale est une question complexe.

Pour comprendre la logique de la relation qui lie le CMP et la structure de financement, il est nécessaire de présenter en premier lieu les relations établies par Modigliani et Miller (11), dans un cadre simplifié qui suppose la perfection des marchés financiers. Cette hypothèse implique notamment que l'accès au marché financier est le même pour tous les investisseurs, que leur niveau d'information est identique et qu'il n'y a ni coûts de transaction, ni fiscalité. Malgré l'irréalisme de ces hypothèses, la démarche de ces deux auteurs constitue un cadre de référence car elle permet de relier clairement les décisions d'investissement et de financement de l'entreprise aux attentes des investisseurs sur le marché financier. Elle est en outre totalement cohérente avec le cadre rentabilité risque.

Le raisonnement de Modigliani et Miller repose sur le *processus d'arbitrage* qui se produit sur le marché financier, lorsqu'il y a des possibilités de profit sans risque et que le marché est en déséquilibre. Présentons successivement les résultats qu'ils ont obtenus ; 1) en l'absence d'imposition des bénéfices, puis 2) en présence d'imposition des bénéfices. Ces résultats ignorent la possibilité de faillite de l'entreprise et les coûts qui lui sont associés. Sa prise en compte modifie les conclusions établies.

---

(11) F. MODIGLIANI et M. MILLER : « The cost of capital, corporation finance and the theory of investment » : *American Economic Review*, 1958.

■ § 1. – l'absence d'imposition : la structure de financement n'a pas d'incidence sur le CMP

Pour illustrer le raisonnement suivi par Modigliani et Miller, considérons deux entreprises N (entreprise non endettée) et E (entreprise endettée) dont les portefeuilles d'actifs ont même composition. En conséquence, le niveau de risque d'exploitation et le résultat d'exploitation avant impôt de ces deux entreprises sont identiques. Le résultat d'exploitation avant impôt X est de 400. Le montant de la dette financière D de l'entreprise endettée est de 3 000. Cette dette est sans risque et son coût avant impôt R_F est de 10 %. On suppose que les taux de rentabilité sur fonds propres requis par les actionnaires des deux entreprises sont respectivement de 20 % pour N et de 25 % pour E.

Le CMP est de 20 % pour l'entreprise N qui se finance uniquement par capitaux propres. Pour E, le CMP s'obtient par pondération entre le coût des capitaux propres de 25 % et le coût de la dette de 10 % en fonction de la structure de financement, soit :
$CMP^e = (400/3\,400).25\,\% + (3\,000/3\,400).10\,\% = 11,76\,\%$.

tableau 2.6

situation de déséquilibre sur le marché financier

	Entreprise N non endettée	Entreprise E endettée
Résultat d'exploitation X	400	400
Intérêts	0	300
Bénéfice	400	100
Capitaux propres CP	2000	400
Dette D	0	3000
Valeur de l'entreprise V = CP + D	2000	3400
Coût des capitaux propres	20 %	25 %
CMP	20 %	11,76 %

Soit un investisseur qui détient 10 % des actions de l'entreprise E endettée ; la valeur de ses actions est de 40. Il perçoit 10 % du bénéfice de 100, soit 10, s'il conserve ses actions E. La rentabilité des fonds propres qu'il a investis est de 10/40, soit 25 %. Supposons à présent qu'il réalise l'opération d'arbitrage suivante :

1) il vend ses actions E : 400 x 10 % = 40 ;
2) il s'endette de 300 au taux de 10 % ; sa structure de financement personnelle (endettement de 300 ; fonds propres de 40, soit un ratio Dettes / Fonds propres = 7,5) est alors identique à celle de l'entreprise E. Le niveau de risque financier supporté est donc le même ;
3) avec ses liquidités de 340, il achète 17 % (= 340 / 2 000) des actions de N.

Le gain final procuré par cette stratégie d'arbitrage est de 38 obtenu par différence entre :
- la part reçue comme actionnaire de N, soit 68 (17 % de 400 bénéfice de l'entreprise N) ;
- les intérêts de 30 entraînés par l'endettement personnel contracté (taux de 10 % sur un endettement personnel de 300).

Ce gain est à comparer au gain de 10 qu'il aurait perçu comme actionnaire de E. La rentabilité des fonds propres investis selon cette stratégie est de 38/40 = 95 %, pour un même niveau de risque financier ; la conservation des actions de E n'aurait procuré qu'un taux de rentabilité de 20 %.

L'arbitrage se révèle être une opération très profitable ; il permet aux investisseurs, *sans courir de risque supplémentaire*, de réaliser un profit. Les investisseurs étant rationnels, procèdent à ces opérations d'arbitrage sur le marché. Dans la situation précédente, il y aurait achat des actions de N et vente des actions de E jusqu'à élimination des possibilités de profit. Cette élimination se produit lorsque les valeurs des deux entreprises sont égales ; l'équilibre du marché est alors réalisé.

A la suite des opérations d'arbitrage, la valeur de N s'accroît et s'établit à 3 250 ; celle de E baissant à 3 250. Le tableau précédent devient :

tableau 2.7

situation d'équilibre sur le marché financier

	Entreprise N non endettée	Entreprise E endettée
Résultat d'exploitation X	400	400
Intérêts	0	300
Bénéfice	400	100
Capitaux propres CP	3 250	250
Dette D	0	3 000
Valeur de l'entreprise V = CP + D	3 250	3 250
Coût des capitaux propres	12,31 %	40 %
CMP	12,31 %	12,31 %

L'égalité des valeurs des deux entreprises à l'équilibre du marché s'accompagne de celle des CMP. Pour l'entreprise non endettée N, le CMP est égal au coût des capitaux propres de 12,31 % (= 400 / 3250). Pour l'entreprise endettée E, le CMP est égal à la moyenne pondérée du coût des capitaux propres 40 % et du coût de la dette de 10 %.

$$\text{CMP}^e = (250 / 3\ 250).40\ \% + (3\ 000 / 3\ 250).10\ \% = 12,31\ \%$$

Le CMP apparaît *indépendant* de la structure de financement. Il y a *neutralité de la structure de financement*. Le gain permis par l'utilisation de la dette dont le coût est plus faible a été entièrement absorbé par le coût supplémentaire entraîné par la prime de risque financier demandée par les actionnaires de E à la suite du risque financier qu'ils encourent.

Le coût des capitaux propres de E de 40 %, qui est égal au taux requis par les actionnaires comprend les éléments suivants : 10 % de taux sans risque ; 2,31 % de prime de risque d'exploitation et 27,69 % de prime de risque financier.

La relation entre le CMP, le coût des fonds propres et le coût de la dette revêt la forme suivante :

figure 2.2

**relation entre coût des fonds propres,
CMP et structure de financement en l'absence d'imposition**

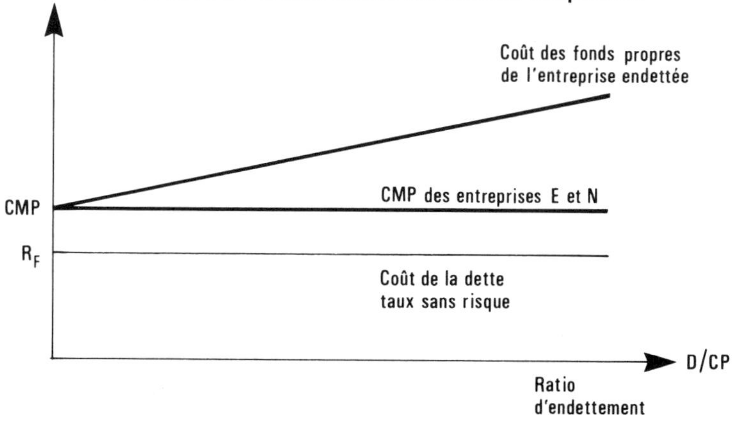

Dans une telle situation, la notion de structure de financement optimale perd toute pertinence. Peu importe la façon dont l'entreprise se finance, seule la nature des investissements détermine la valeur. La richesse ne dépend que de la structure des actifs ; la décision de financement ne détermine que le *mode de répartition* de cette richesse entre actionnaires et créanciers. La mesure du CMP est très simple ; il est égal au coût des fonds propres d'une entreprise non endettée ; autrement dit, il ne dépend que du taux sans risque et du risque d'exploitation.

■ § 2. — en présence d'imposition, la structure de financement n'est pas neutre

Le résultat précédent repose sur l'hypothèse d'absence d'imposition des résultats. L'introduction de l'impôt modifie très sensiblement les conclusions précédentes, car les intérêts de la dette sont déductibles ; la structure de financement influence la valeur de l'entreprise. Il devient possible d'accroître la valeur en s'endettant.

A. – L'endettement accroît la valeur de l'entreprise

Considérons de nouveau le cas des deux entreprises N et E, en introduisant l'incidence fiscale ; le taux d'imposition est T :

tableau 2.8

incidence de l'imposition sur le résultat

	Entreprise N non endettée	Entreprise E endettée
Résultat d'exploitation avant impôt	X	X
Intérêt	-	$R_F D$
Bénéfice avant impôt	X	$(X - R_F D)$
Bénéfice après impôt	$X.(1-T)$	$(X - R_F D).(1-T)$

En supposant une actualisation des flux sur un horizon infini, la valeur de l'entreprise N non endettée est égale à :

$$V^n = \frac{X.(1 - T)}{R_a}$$

R_a étant le taux de rentabilité requis pour des entreprises de même risque d'exploitation que N. Ce taux est égal au taux de rentabilité après impôt, requis par les actionnaires de l'entreprise N non endettée, donc au coût des capitaux propres (et au CMP) de cette entreprise. Il comprend le taux d'intérêt sans risque plus une prime de risque d'exploitation, la prime de risque financier étant nulle.

Pour l'entreprise E endettée, le flux d'exploitation sécrété par l'actif doit permettre de rémunérer les détenteurs de titres, actionnaires et créanciers. Le flux d'exploitation requis est donc égal à :

$(X - R_F.D).(1 - T)$ bénéfice après impôt pour les actionnaires
$+ R_F.D$ flux d'intérêt pour les créanciers

$$= X.(1-T) + T.R_F.D \text{ flux d'exploitation requis}$$

Il comprend deux composantes :
1) $X.(1 - T)$, égale au flux d'exploitation après impôt de l'entreprise N et qui doit donc être actualisée au même taux R_a ;
2) $T.R_F.D$ qui représente l'économie d'impôt sur frais financiers ; il s'agit d'une composante non risquée à actualiser en conséquence au taux sans risque R_F.

On en déduit que :
$$V^e = \frac{X.(1 - T)}{R_a} + \frac{T.R_F.D}{R_F} \text{ et comme } V^n = \frac{X.(1 - T)}{R_a}$$

la relation suivante lie les valeurs des entreprises N et E :

$$V^e = V^n + T.D \text{ et } V^e > V^n$$

La valeur de l'entreprise endettée apparaît égale à la valeur de l'entreprise non endettée augmentée de la valeur actualisée des économies d'impôt sur frais financiers (T.D). Elle est donc supérieure à la valeur de l'entreprise non endettée. La politique optimale consisterait donc en présence d'impôt à s'endetter au maximum.

B. – La déductibilité des intérêts permet d'abaisser le CMP

Cette relation entre les valeurs s'accompagne des relations suivantes entre les coûts des capitaux propres et les CMP respectifs des entreprises N et E.

1°). – Relation entre les coûts des capitaux propres

Le taux de rentabilité des capitaux propres de l'entreprise endettée R_c, comprend outre le taux sans risque et la prime de risque d'exploitation (qui sont regroupés dans R_a, le taux de rentabilité requis pour l'entreprise non endettée), une prime de risque financier égale (12) à $(1 - T).[R_a - R_F].D / CP$.

---

(12) Pour une démonstration, V. G. CHARREAUX, *op.cit.*

$$R_c = R_a + (1 - T).[R_a - R_F].\frac{D}{CP}$$

2°). − Relation entre les CMP

Par définition, le CMP de l'entreprise non endettée est égal à :

$$CMP^e = R_c \cdot \frac{CP}{CP + D} + R_F \cdot (1 - T) \cdot \frac{D}{CP + D}$$

En substituant à R_c dans cette relation, la relation précédente, on obtient l'expression suivante pour le CMP de l'entreprise non endettée :

$$CMP^e = R_a \cdot [1 - T \cdot \frac{D}{CP + D}]$$

Compte tenu de la déductibilité des frais financiers, le CMP de l'entreprise endettée apparaît inférieur à celui de l'entreprise non endettée égal à R_a.

figure 2.3

**la relation entre coût des fonds propres,
CMP et structure de financement en présence d'imposition**

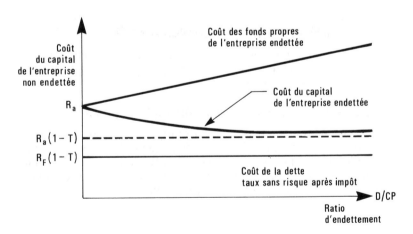

encadré 2.5

l'incidence de l'endettement sur la valeur de l'entreprise

Soit deux entreprises N et E ayant la même structure d'actif. Le résultat d'exploitation avant impôt X sécrété par le portefeuille d'actifs est de 400. Le taux de l'impôt T est de 40 % et le taux requis sur capitaux propres pour l'entreprise N de $R_a = 20$ %. L'entreprise E se finance par dette pour un montant D de 400 au taux sans risque de 10 %.
La valeur de l'entreprise N est de : $X.(1 - T) / R_a = 400 . 0,6 / 0,2 = 1\ 200$; en conséquence, la valeur de l'entreprise endettée est de :
$$V^e = V^n + T.D = 1\ 200 + 0,4 . 400 = 1\ 360$$
Le montant des capitaux propres s'en déduit en soustrayant le montant de la dette : $CP = 1\ 360 - 400 = 960$
Le taux de rentabilité requis sur les fonds propres pour l'entreprise E est :
$$R_c = 0,20 + (1 - 0,4).(0,20 - 0,10).(400 / 960) = 22,5\ \%$$
la prime de risque financier étant de 2,5 %.
Le CMP de l'entreprise endettée peut s'évaluer de deux façons :
$$CMP^e = [0,225 .(960 / 1\ 360)] + [(1 - 0,4). 0,10.(400 / 1\ 360)] = 17,65\ \%$$
$$CMP^e = 0,2. [\ 1 - 0,4 . (400 / 1\ 360)] = 17,65\ \%$$
La déductibilité des frais financiers permet d'abaisser le CMP de l'entreprise endettée à 17,65 % ; celui de l'entreprise non endettée est de 20 %.

■ § 3. — l'incidence du risque de faillite sur le CMP

Compte tenu de l'avantage lié à la déductibilité des intérêts, la politique optimale de financement pour une entreprise serait apparemment de se financer intégralement par dette. Une telle conclusion apparaît irréaliste, car elle méconnaît l'incidence du risque de faillite et des coûts qui lui sont associés. Ces coûts sont soit des coûts directs tels que les coûts légaux ou administratifs, soit des coûts d'opportunité liés par exemple à la perte de confiance des fournisseurs ou des banquiers.

Ils ont une incidence sur la valeur de l'entreprise et modifient la relation liant la valeur d'une entreprise endettée à celle d'une entreprise non endettée. En désignant par VA(CF), la valeur actualisée des coûts de faillite, la relation devient :

$$V^e = V^n + T.D - VA(CF)$$

Pour maximiser sa valeur, l'entreprise doit réaliser un compromis entre les gains procurés par les économies d'impôt sur frais financiers et les pertes entraînées par les coûts de faillite. La structure optimale de financement résulte de ce compromis.

figure 2.4

structure de financement optimale et coûts de faillite

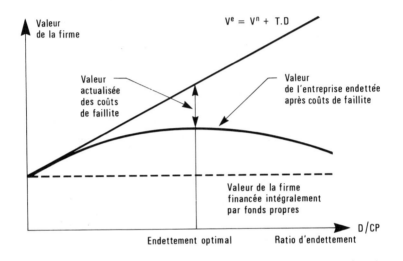

Une telle configuration impliquerait qu'il serait possible de déterminer un CMP minimal, permettant de maximiser la valeur. L'évaluation de ce CMP suppose cependant qu'on puisse mesurer l'incidence du risque de faillite sur les coûts respectifs des capitaux propres et des dettes financières. Aucune modélisation simple ne permettant d'évaluer cette incidence, la détermination de la prime de risque de faillite ne peut se faire que de façon pragmatique.

La détermination de la structure de financement nécessaire pour calculer le CMP apparaît complexe. Les développements précédents permettent cependant de conclure que tant que le risque de faillite n'est pas trop élevé, il est avantageux de recourir à l'endettement compte tenu de l'avantage fiscal dont il bénéficie.

D'autres paramètres volontairement ignorés interviennent cependant, tels que l'imposition personnelle des investisseurs ou les coûts qui sont liés à l'asymétrie d'information ainsi qu'aux conflits d'intérêts entre agents, par exemple entre actionnaires et dirigeants ou entre actionnaires et créanciers. Ainsi, il est vraisemblable que plus l'asymétrie d'information est forte entre les apporteurs de capitaux et l'entreprise, plus le taux requis par les investisseurs sera élevé. De même, la possibilité pour les dirigeants d'investir les capitaux collectés dans des projets non conformes à ceux qui avaient été soumis aux investisseurs, entraîne un surcoût des financements, même si certains mécanismes de garantie ont pour objet de limiter ce type de conflit.

section III
les modalités d'utilisation du CMP

Supposons qu'il soit possible de déterminer une structure optimale de financement, pour laquelle la valeur de l'entreprise soit maximisée. Dans ce cas, il existe un CMP optimal pour l'entreprise qui résulte d'une pondération entre le coût des fonds propres de l'entreprise R_c et le coût de la dette représenté par son taux actuariel après impôt R_d :

$$CMP = R_c \cdot \frac{CP}{CP + D} + R_d \cdot \frac{D}{CP + D}$$

L'utilisation de cette relation doit cependant se faire prudemment, en distinguant en particulier deux cas :
1) l'investissement projeté ne modifie ni le risque d'exploitation, ni la structure de financement de l'entreprise, auquel cas il est possible de retenir le CMP de la firme comme taux d'actualisation ;
2) l'investissement projeté influe significativement soit sur le risque d'exploitation, soit sur la structure de financement de l'entreprise. Dans ce cas, il est nécessaire d'évaluer un CMP spécifique à cet investissement.

■ § 1. – l'investissement ne modifie pas le risque de l'entreprise

Pour évaluer la VAN, il suffit de calculer le CMP de l'entreprise. Cette évaluation doit s'effectuer en respectant les règles suivantes :
1) la structure de financement choisie constitue une *structure objectif* que l'entreprise vise à atteindre sur le *long terme* en fonction du degré de risque qu'elle souhaite assumer ;
2) les valeurs des capitaux propres et des dettes financières doivent être évaluées à partir des *valeurs de marché* et non des

valeurs comptables, l'objectif étant de maximiser la valeur de marché de l'entreprise. Ainsi pour une société cotée, la valeur des fonds propres doit s'estimer à partir de la *capitalisation boursière* égale au produit du cours de l'action par le nombre d'actions ;

3) en aucun cas, il ne faut utiliser des coûts historiques pour estimer les coûts des différentes sources de financement. Il faut retenir le coût normal des dettes sur le marché financier au moment de la décision d'investissement, compte tenu du risque encouru par les prêteurs. De même le coût des fonds propres doit être estimé en fonction des attentes du marché financier au moment de la décision d'investissement ;

4) la formulation conduisant à la détermination du CMP peut laisser supposer que l'on peut fortement minorer le coût du capital en s'endettant. Or, la discussion sur la structure financière a démontré qu'un endettement supplémentaire entraînait un supplément de risque financier et de risque de faillite qui pouvait compenser le gain obtenu grâce à l'économie d'impôt sur frais financiers. Par conséquent, le recours à l'endettement doit être manié avec prudence, en tenant compte de l'accroissement du coût des fonds propres qui en résulte.

■■■ § 2. – l'investissement modifie le risque de l'entreprise - l'évaluation du CMP spécifique

Pour illustrer la démarche à suivre pour évaluer un CMP spécifique à l'investissement, considérons l'exemple de la société Casimir. Le ß fonds propres de cette société dont le risque est faible est de $ß_c = 0,5$. Sa structure de financement comporte peu d'endettement ; le ratio D/CP est de 0,5. Le taux sans risque est de 10 % et le taux de rentabilité attendu du marché de 14 % ; la prime de risque de marché est par conséquent de 4 %. Le coût normal de la dette avant impôt est de 11 %. Le taux d'imposition T est de 40 %. Cette société a un projet d'investissement risqué, dont le ß d'exploitation est de $ß_a = 1,5$ et dont le financement s'effectuerait à 80 % par emprunt, avec un taux d'intérêt de 12 %.

Compte tenu des spécificités de cet investissement, très différentes de celle de l'entreprise, l'utilisation d'un CMP spécifique s'impose. Évaluons successivement le CMP de l'entreprise puis le CMP spécifique pour l'investissement considéré.

1) Évaluation du CMP de l'entreprise

Le coût des fonds propres de la société s'obtient à partir du MEDAF :

$$R_c = R_F + ß_c.[R_M - R_F] = 0,1 + 0,5.0,04 = 12 \%$$

Le coût de la dette avant impôt est de 11 %, soit $R_d = 6,6$ % après impôt, le CMP est en conséquence de :

$$CMP = R_c \cdot \frac{CP}{CP+D} + R_d \cdot \frac{D}{CP+D} = 0,12 \cdot \frac{2}{3} + 0,066 \cdot \frac{1}{3} = 10,2 \text{ \%}$$

2) Évaluation du CMP spécifique à l'investissement

Évaluons tout d'abord le ß fonds propres de cet investissement, afin d'évaluer le risque global encouru :

$$ß_c = ß_a \cdot [1 + (1 - T) \cdot \frac{D}{CP}] = 1,5 \cdot [1 + 0,6.4] = 5,1$$

On en déduit le coût des capitaux propres :

$$R_c = R_F + ß_c \cdot [R_M - R_F] = 0,1 + 5,1.0,04 = 30,4 \text{ \%}$$

Le coût de l'emprunt étant de 12 % avant impôt, soit 7,2 % après impôt, le CMP spécifique est de :

$$CMP = 0,304 \cdot \frac{1}{5} + 0,072 \cdot \frac{4}{5} = 11,84 \text{ \%}$$

Les caractéristiques en matière de risque du projet d'investissement conduisent à utiliser un taux d'actualisation sensiblement plus élevé. En supposant que le TIR du projet soit par exemple de 11 %, l'utilisation du CMP de l'entreprise conduirait à une acceptation ; en revanche, le recours au CMP spécifique entraînerait un rejet de l'investissement.

---

résumé

1) Le coût moyen pondéré du capital est le taux d'actualisation permettant d'évaluer la VAN. Il représente la moyenne pondérée des coûts des différentes sources de financement en fonction de la structure de financement. Il est équivalent de minimiser le CMP ou de maximiser la valeur de l'investissement.

2) Le coût d'un emprunt s'évalue par le taux actuariel net. Le coût du crédit-bail correspond à la rentabilité pour le bailleur. Son coût actuariel se calcule en considérant les flux qui tiennent compte des loyers après impôt et du coût d'opportunité lié à la perte des économies d'impôt sur dotations aux amortissements.

3) Deux modèles permettent de mesurer le coût des fonds propres, le modèle d'actualisation des dividendes de Gordon et Shapiro et le MEDAF. Ce dernier propose une mesure du risque, le coefficient de sensibilité ß, fondée sur le risque systématique. Il permet également de mesurer les primes de risque d'exploitation et de risque financier.

4) Sans endettement et en supposant que le marché financier est parfait, le CMP et la valeur de l'entreprise sont indépendants de la structure de financement. En revanche, l'introduction de l'impôt conduit à montrer que le CMP diminue avec l'endettement. Cet avantage est cependant remis en cause avec l'introduction des coûts

de faillite. La structure de financement optimale résulte du compromis entre l'avantage fiscal de l'endettement et les coûts de faillite.

5) Le CMP de l'entreprise n'est utilisable comme taux d'actualisation d'un projet particulier que si ce dernier ne modifie pas le risque de l'entreprise. Dans le cas contraire, il faut évaluer un CMP spécifique au projet.

chapitre 3

l'évaluation
des entreprises

Un des principaux problèmes posés lors des opérations de croissance externe est celui de l'évaluation de la société cible. La décision prise par l'entreprise qui procède à l'acquisition constitue une décision d'investissement ; de façon symétrique, les dirigeants de l'entreprise acquise réalisent un désinvestissement. La problématique de choix des investissements trouve ainsi une application naturelle.

La question de l'évaluation est également liée à celle du diagnostic financier dont l'objectif final est de détecter les situations de déséquilibre financier où la rentabilité offerte aux apporteurs de capitaux est insuffisante pour rémunérer le risque supporté. Une situation de déséquilibre se traduit par une baisse de la valeur de l'entreprise.

Les méthodes d'évaluation se rattachent à trois grandes catégories :

1) les *méthodes patrimoniales* qui postulent que la valeur de l'entreprise n'est que la somme des valeurs des actifs qui la composent, hors toute considération de la capacité de l'entreprise à créer de la valeur ;

2) les *méthodes actuarielles* (dont les méthodes boursières constituent un cas particulier), pour lesquelles l'entreprise constitue un investissement particulier et qui s'appuient sur le principe de la valeur actualisée ;

3) les *méthodes hybrides* qui permettent de rapprocher les deux catégories précédentes.

section I
les méthodes patrimoniales

Les méthodes patrimoniales s'opposent aux méthodes actuarielles dans la mesure où l'évaluateur considère implicitement que l'entreprise est démembrée. L'évaluation se fait en retenant, soit les prix de cession possibles des différents actifs qui composent l'entreprise (optique de liquidation), soit les prix de rachat de ces mêmes actifs (optique de reconstitution).

Les différentes méthodes patrimoniales peuvent être classées en distinguant d'une part, les méthodes qui retiennent le point de vue du vendeur et qui supposent la cessation de l'activité et d'autre part, les méthodes fondées sur l'optique de l'acheteur. Dans ce dernier cas, l'hypothèse de poursuite de l'exploitation est implicitement retenue. Quelle que soit la méthode, les possibilités de création de valeur par l'entreprise sont ignorées ; l'entreprise ne vaut que par les actifs qui la composent.

■■■ § 1. – l'optique du vendeur

Les valeurs des différents actifs dépendent des conditions de leur réalisation. Ainsi, le prix obtenu de la cession d'un actif dans les conditions courantes est le plus souvent très supérieur au prix de cession obtenu dans des conditions de liquidation judiciaire forcée. Par conséquent, les valeurs obtenues varient selon que la cessation d'activité est décidée volontairement par le vendeur ou résulte d'une décision externe qui lui est imposée. La valeur comptable suppose la continuité de l'exploitation.

A. – la valeur comptable et l'actif net comptable

La valeur comptable de l'entreprise est égale à la somme des valeurs nettes comptables des différents actifs. L'actif net comptable correspond à la valeur comptable des capitaux propres et s'obtient par différence entre la valeur comptable de l'actif et la valeur comptable des dettes.

B. – l'actif net corrigé ou réévalué

L'*actif net corrigé* ou *réévalué* s'évalue en corrigeant l'actif net comptable de façon à se rapprocher de la valeur de réalisation. Les principes de correction sont les suivants :
1) élimination des non-valeurs telles que les frais d'établissement ou les charges à répartir sur plusieurs exercices ;
2) les immobilisations incorporelles sont prises en compte dans la mesure où elles ont une valeur marchande (brevet, droit au bail…) ;
3) les immobilisations corporelles sont évaluées en fonction de leur valeur probable de négociation. Celle-ci peut s'apprécier, soit directement en fonction des transactions qui ont porté sur des biens comparables, soit indirectement en recourant à des indices. La *valeur d'assurance* retenue par les compagnies d'assurance peut être utilisée dans certains cas.

C. – valeur liquidative et valeur de liquidation

La *valeur liquidative* repose sur l'hypothèse d'une réalisation progressive des actifs, décidée par l'entreprise. Les coûts de transactions sont normaux. La valeur ainsi mesurée est la plupart du temps, inférieure à la valeur comptable. Le passif reste évalué à sa valeur comptable. On suppose par exemple qu'il n'y a pas à verser d'indemnités de licenciement au personnel.

La *valeur de liquidation* résulte au contraire d'une liquidation forcée. Les valeurs de réalisation des actifs sont le plus souvent très inférieures à leur prix de cession dans des conditions normales. Par ailleurs, le passif s'accroît des indemnités de licenciement et la valeur nette éventuelle qui revient aux actionnaires est souvent très faible, voire nulle.

■ § 2. — l'optique de l'acheteur

L'acheteur estime la valeur de l'entreprise en évaluant le coût de sa reconstitution. Plusieurs méthodes coexistent. La méthode la plus naïve *(valeur intrinsèque)* suppose que l'acquéreur est intéressé par l'ensemble des actifs, alors que les autres méthodes ne prennent en compte que les actifs nécessaires à la poursuite de l'activité.

A. – la valeur intrinsèque ou valeur d'usage

La *valeur intrinsèque* ou *valeur d'usage* représente le montant des fonds qu'il serait nécessaire d'investir pour reconstituer le patrimoine de l'entreprise dans son état actuel. Cette méthode est en principe fondée sur la recherche de la valeur de remplacement.

B. – la valeur substantielle

La valeur substantielle se mesure par application des règles suivantes :

- il s'agit d'une valeur brute (avant déduction du passif exigible), évaluée en fonction des coûts de remplacement et selon une optique de poursuite de l'exploitation ;
- les biens durables loués sont inclus ;
- les biens non nécessaires à l'exploitation sont exclus.

La valeur substantielle correspond à la valeur de l'outil économique pour l'acquéreur. On peut calculer une valeur substantielle nette pour évaluer les seuls fonds propres en soustrayant le passif exigible.

C. – les capitaux nécessaires à l'exploitation

Les capitaux nécessaires à l'exploitation comprennent les immobilisations nécessaires à l'exploitation plus le BFDR d'exploitation. Les immobilisations sont évaluées à partir du montant net et le BFDR d'exploitation à partir du niveau d'activité prévisionnel. Cette notion est très proche de celle d'actif économique.

Les méthodes actuarielles et boursières

La procédure d'évaluation de la valeur actualisée de l'entreprise est fondée sur l'actualisation des flux de liquidités futurs. La valeur ainsi obtenue est la valeur de l'ensemble des actifs. L'évaluation est globale ; il n'y a pas évaluation des différents éléments composant l'actif. Pour obtenir la valeur des capitaux propres, il suffit de déduire la valeur des dettes financières. Les méthodes boursières et les méthodes d'actualisation des résultats sont des cas particuliers des méthodes actuarielles.

■ § 1. – l'actualisation des flux de liquidités futurs

La méthode d'évaluation fondée sur l'actualisation des flux de liquidités futurs constitue une application directe de la méthode de la VAN. L'acquéreur l'utilise pour déterminer le prix d'acquisition maximal qu'il est prêt à payer. De même, le vendeur peut y recourir pour déterminer le prix minimal qu'il est disposé à accepter.

La détermination de la valeur actualisée pour l'acquéreur se conforme à la démarche et aux principes d'évaluation de la VAN présentés dans les deux chapitres précédents :

1) l'évaluation des flux de liquidités doit se faire de façon différentielle, c'est-à-dire en évaluant l'ensemble des incidences de l'acquisition sur les flux d'exploitation, d'investissement et de désinvestissement de l'entreprise acquéreuse. Les conséquences peuvent être directes ou indirectes. Des phénomènes de synergie peuvent se produire qui entraînent une forte hausse des ventes ou une baisse des coûts. A contrario, le rachat de la nouvelle entreprise peut avoir des conséquences négatives en matière de coûts de réorganisation ;

2) l'évaluation des flux doit se faire en éliminant toute incidence des modes de financement de l'acquisition ;

3) l'horizon à retenir correspond à celui des prévisions financières qui accompagnent l'acquisition. L'horizon des plans d'investissement et de financement étant le plus souvent de cinq ans, cette durée est fréquemment retenue ;

4) l'évaluation de la valeur résiduelle de l'entreprise rachetée à la fin de l'horizon retenu pose problème, car selon la logique de la valeur actualisée, elle est elle-même fonction des flux à venir. Le plus souvent et pour simplifier, on retient la valeur comptable prévisionnelle des actifs ;

5) le taux d'actualisation se détermine de même façon que pour le choix d'un investissement. Si l'acquisition n'entraîne pas de modification du CMP de l'entreprise acquéreuse, il faut considérer ce dernier comme taux d'actualisation. En revanche, si le risque d'exploitation évolue et si la structure de financement est modifiée substantiellement, il faut évaluer un taux d'actualisation spécifique.

L'évaluation peut être conduite selon les mêmes principes par le vendeur. Il doit évaluer les flux qui se produiraient dans l'hypothèse où la vente ne se réaliserait pas et les actualiser en utilisant son propre CMP. La valeur qu'il obtient diffère souvent sensiblement de la valeur actualisée déterminée par l'acquéreur. Cet écart s'explique par les divergences qui existent dans les prévisions de flux et dans les taux d'actualisation respectifs.

■ § 2. – les méthodes boursières et la valeur de rentabilité

Les méthodes d'évaluation boursières constituent des cas particuliers des méthodes d'actualisation des flux dans la mesure où elles reposent sur l'actualisation des flux de dividendes. Deux modèles sont particulièrement utilisés, celui d'actualisation des dividendes de Gordon et Shapiro déjà présenté et le modèle de capitalisation des bénéfices fondé sur le *price earnings ratio PER ou coefficient de capitalisation des bénéfices*.

A. – le modèle d'actualisation des dividendes de Gordon et Shapiro

Selon le modèle de Gordon et Shapiro, le cours de l'action P_0 est égal à la valeur actualisée des dividendes sur un horizon infini et en supposant un taux de croissance constant des dividendes g :

$$P_0 = \frac{DIV_1}{R_c - g}$$

avec R_c le taux de rentabilité requis sur capitaux propres, DIV_1 le prochain dividende attendu, et $R_c > g$. Ce modèle peut être facilement aménagé pour prendre en compte des hypothèses d'horizon plus réduit et des schémas de croissance plus réalistes.

B. – le modèle de capitalisation des bénéfices

Le modèle de capitalisation des bénéfices permet de déterminer le cours en multipliant le bénéfice courant par action, le BPA par le coefficient de capitalisation des résultats, le PER fonction des attentes des investisseurs sur le marché financier :

$$P_0 = BPA \cdot PER$$

Ce modèle peut être présenté comme cas particulier du modèle de Gordon et Shapiro. Modifions ce dernier modèle en posant :

1) $DIV_1 = (1 - b) \cdot BPA_1$, le dividende par action DIV_1 est égal au bénéfice par action BPA_1, multiplié par le taux de distribution du dividende égal à $(1 - b)$, b étant le taux de rétention des résultats ;

2) selon le modèle de croissance présenté au chapitre 2, g le taux de croissance du dividende par action est égal à $b \cdot K_c$, c'est-à-dire au produit du taux de rétention des résultats b et du taux de rentabilité attendu des capitaux propres K_c.

On obtient les relations suivantes :

$$P_0 = \frac{BPA_1 \cdot (1 - b)}{(R_c - b \cdot K_c)} \quad \text{d'où} \quad PER = \frac{(1 - b)}{(R_c - b \cdot K_c)}$$

Le PER dépend :

- du taux de rétention des bénéfices b ;
- de K_c, le taux de rentabilité attendu des capitaux propres ;
- de R_c, le taux requis sur capitaux propres qui est fonction du taux sans risque et du risque encouru par la firme.

Une estimation prévisionnelle de ces paramètres permet d'évaluer le PER.

Deux cas particuliers méritent d'être examinés :

1) $b = 0$; dans ce cas, aucun bénéfice n'étant réinvesti, la croissance est nulle et le $PER = 1 / R_c$ l'inverse du taux de rentabilité des capitaux propres ;

2) $R_c = K_c$; cette condition signifie que le taux attendu des investissements sur capitaux propres est identique au taux requis. On obtient également $PER = 1 / R_c$. Ce résultat se justifie dans la mesure où les investissements entrepris par l'entreprise ne contribuent pas à créer de la valeur, le taux attendu étant égal au taux requis ; autrement dit leur VAN est nulle.

C. – la valeur de rentabilité

La *valeur de rentabilité* qui s'obtient par actualisation des résultats, correspond aux cas particuliers où il y a absence de croissance ou de création de valeur :

$$\text{Valeur de rentabilité} = \text{BPA} / R_c$$

Le bénéfice à retenir pour déterminer le BPA est le résultat normal, après correction éventuelle des prélèvements anormaux et en considérant les amortissements économiquement justifiés. Ce modèle ne peut convenir que pour évaluer des entreprises bien particulières.

D. – potentiel de croissance et création de valeur

En s'appuyant sur les résultats précédents, le cours boursier d'une entreprise peut être décomposé en deux éléments :

1) une *composante stable* égale à la valeur actualisée des BPA futurs, en supposant que le BPA reste constant, c'est-à-dire la valeur de rentabilité égale à BPA / R_c ;

2) une *composante de croissance* obtenue par différence entre le cours et la composante stable ; cette composante de croissance n'existe que si l'entreprise est à même de dégager une rentabilité économique supérieure au CMP. Inversement un cours inférieur à la composante stable signifie que la rentabilité attendue des investissements est inférieure au CMP et que l'investissement détruit de la valeur au lieu d'en créer.

---

encadré 3.1
la décomposition de la valeur de l'entreprise
en une composante stable et une composante de croissance

Le dividende anticipé de la société Dumontier est de 180, le taux requis sur capitaux propres de $R_c = 18\ \%$, le taux de rentabilité attendu de $K_c = 30\ \%$ et le taux de rétention de 40 %. Évaluons cette société à partir du modèle de Gordon et Shapiro et déterminons les deux composantes du cours (stabilité et croissance).

Sachant que le taux de croissance $g = b.K_c = 0,4.0,3 = 12\ \%$, le cours de cette société est de :

$$P_0 = \frac{DIV_1}{R_c - g} = \frac{180}{0,18 - 0,12} = 3\ 000$$

Le bénéfice par action étant de 300, la composante stabilité est de BPA / R_c = 300 / 0,18 = 1 667 et la composante croissance de 1 333. La société Dumontier crée de la valeur car la rentabilité obtenue sur les capitaux propres investis de 30 % est supérieure à la rentabilité requise qui est de 18 %.

section III

les méthodes hybrides fondées sur le goodwill

Les méthodes hybrides cherchent à reconstituer les valeurs obtenues par les méthodes actuarielles, mais en procédant à partir des différents éléments du portefeuille d'actifs. En effet, un des principaux inconvénients des différentes méthodes patrimoniales est qu'elles ne retiennent dans l'évaluation que les biens qui font l'objet de transactions sur un marché spécifique. Ces méthodes conduisent ainsi à ne jamais prendre en compte la valeur des actifs incorporels et humains (savoir-faire, compétence...) qui déterminent le plus souvent l'avantage compétitif que détient une entreprise et qui sont à l'origine du processus de création de la valeur.

Le *goodwill* ou *survaleur* représente notamment la valeur de ces actifs non négociables et s'évalue par différence entre une valeur de type actuariel et une valeur de type patrimonial. La valeur de l'entreprise apparaît ainsi composée de deux éléments : la *valeur patrimoniale* et le *goodwill* (1).

Une application de ce principe conduit à calculer la valeur des fonds propres en ajoutant le *goodwill* à l'actif net corrigé. Selon cette méthode, la valeur des fonds propres V est égale à :

$$V = ANC + a_n.\ (BNC - R_c.ANC)$$

Le *goodwill* s'obtient par actualisation d'un *super-profit* (ou rente du goodwill), censé représenter la *rente*, c'est-à-dire le profit supplémentaire que peut obtenir l'acquéreur grâce à ses compétences particulières, par rapport à la moyenne de ses concurrents :

---

(1) Cette décomposition rejoint sous certaines hypothèses la distinction composante stable, composante de croissance.

- le super-profit (BNC - R_c.ANC) est égal à la différence entre BNC le bénéfice net courant prévisionnel et la rémunération au taux requis sur capitaux propres de l'ANC qui représente les capitaux investis par les actionnaires ;

- le taux d'actualisation du super-profit est également le taux requis sur capitaux propres. Le coefficient de capitalisation a_n s'obtient en considérant que l'on perçoit le super-profit pendant n années et en l'actualisant au taux R_c avec $a_n = [1 - (1 + R_c)^{-n}] / R_c$. D'autres hypothèses peuvent être posées ; en particulier on peut modéliser un super-profit croissant à un taux constant sur un horizon infini et obtenir un modèle de *goodwill* conforme au modèle de Gordon et Shapiro.

On peut remarquer que le *goodwill* n'existe que s'il y a création de valeur, c'est-à-dire si l'entreprise réalise des investissements rentables permettant au taux obtenu sur capitaux propres K_c d'être supérieur au taux requis (2) R_c.

---

encadré 3.2
un exemple d'application du modèle du goodwill

Supposons que l'actif net corrigé de la société Poncet soit de 1 500. Le bénéfice attendu est de 300 (soit $K_c = 20$ %) et le taux requis sur capitaux propres de $R_c = 15$ %. Évaluons le *goodwill* et la valeur des capitaux propres en supposant que le super-profit est réalisé pendant dix ans.

Le super-profit est de : $300 - 0,15.1\ 500 = 75$. La valeur du facteur de capitalisation est de : $a_{10} = [1 - (1,15)^{-10}] / 0,15 = 5,019$.

Le *goodwill* est de : $GW = 75 \times 5,019 = 376,4$ et la valeur des capitaux propres de : $V = ANC + GW = 1\ 500 + 376,4 = 1\ 876,4$.

---

résumé

1) Le problème de l'évaluation de l'entreprise est un cas particulier de décision d'investissement (acheteur) ou de désinvestissement (vendeur). Il y a trois catégories de méthodes d'évaluation : les méthodes patrimoniales, les méthodes actuarielles et les méthodes hybrides.

2) Les méthodes patrimoniales supposent que l'entreprise est démembrée. L'évaluation se fait en supposant soit la liquidation des

---

(2) BNC étant égal à CP.K_c, soit encore ANC.K_c, on en déduit qu'il y a super-profit si ANC.(K_c - R_c) est positif, donc si $K_c > R_c$. Cette condition correspond à une situation où il y a création de valeur et à l'existence d'une composante de croissance.

actifs (optique du vendeur), soit la reconstitution de l'actif de l'entreprise (optique de l'acheteur).

3) Les méthodes actuarielles sont fondées sur l'application du modèle de la VAN à l'entreprise. Les méthodes boursières comme celles du modèle de Gordon et Shapiro ou du modèle de capitalisation des bénéfices représentent des cas particuliers.

4) Le modèle de capitalisation des bénéfices n'est valide que si l'entreprise ne connaît pas de croissance ou ne crée pas de valeur.

5) La valeur d'une entreprise peut se décomposer en une composante stable fonction du niveau des résultats actuels et en une composante de croissance.

6) Les méthodes hybrides fondées sur le *goodwill* permettent de réconcilier les méthodes patrimoniales et actuarielles. Le *goodwill* s'obtient par actualisation d'un super-profit provenant d'une rente économique ; il correspond à la composante croissance de la valeur.

QUATRIÈME PARTIE

GESTION FINANCIÈRE À LONG ET À COURT TERME

INTRODUCTION

La planification financière constitue un élément particulier du plan de l'entreprise. Elle permet de traduire les conséquences monétaires de l'ensemble des choix, notamment de nature *stratégique* et conduit à raisonner dans un cadre rentabilité-risque. Deux points apparaissent essentiels :

- le *choix du niveau de risque* que l'entreprise est prête à assumer en fonction de l'objectif de rentabilité. De ce choix vont dépendre les décisions d'investissement et de financement qui déterminent la structure du portefeuille d'actifs et la structure de financement. Le *plan de financement* permet d'analyser les interactions entre les deux types de décisions, d'évaluer leurs conséquences et d'assurer leur cohérence ;

- la *détermination du niveau de flexibilité financière* qui permet à l'entreprise de s'adapter aux évolutions de l'environnement, aussi bien en cas d'aléas défavorables (flexibilité défensive) que favorables (flexibilité offensive) et de *gérer son risque*.

La planification financière comprend plusieurs niveaux, fonction de l'horizon de planification retenu et de la nature des décisions prises. Ainsi, il est traditionnel d'opposer la *planification financière à long terme* et la *planification financière à court terme*. La première retient un horizon pluriannuel, le plus souvent de cinq ans et repose sur la quantification des conséquences financières des décisions stratégiques ; elle conduit à l'établissement du plan de financement. La seconde a le plus souvent un horizon annuel. Elle intervient dans le cadre préalable fixé par le plan de financement et joue principalement un rôle d'ajustement.

La gestion financière regroupe l'ensemble des décisions concernant l'allocation et la recherche des ressources financières. La gestion financière à long terme s'intéresse à l'allocation et à la recherche des ressources stables, par opposition à la gestion financière à court terme qui se préoccupe des mêmes opérations portant sur les ressources de court terme. L'allocation des ressources se traduit par des décisions d'investissement. La logique de ces dernières ayant été présentée en troisième partie, la quatrième partie portera plus particulièrement sur les décisions de financement et sur l'adéquation investissement / financement.

chapitre 1

la gestion financière à long terme

La gestion financière à long terme est constituée des décisions relatives à l'allocation et à la recherche des ressources stables, en fonction du plan stratégique et du plan de financement qui en découle. La décision d'investissement ayant déjà été étudiée, l'objet de ce chapitre est, au-delà des seuls critères de coût de financement vus en troisième partie, de présenter les deux sources de financement stable : fonds propres et dettes financières à long et moyen terme, puis d'étudier une dimension importante de la gestion financière, la gestion du risque de taux (1) avant de conclure sur les modalités de construction du plan de financement.

section I
les financements par capitaux propres

Les fonds propres représentent les capitaux dont la fonction est d'*assumer le risque résiduel*. Ils jouent ainsi un rôle central dans le fonctionnement des entreprises en régime libéral. Outre leur contribution spécifique au financement, ils constituent la condition indispensable pour que les créanciers financiers s'engagent. Ils sont soit d'origine externe, soit d'origine interne (autofinancement). On assimile souvent aux fonds propres, les *quasi-fonds propres* qui ont en fait un caractère de dette financière.

§ 1. — les fonds propres d'origine externe

Les fonds propres d'origine externe s'obtiennent au moyen, soit d'augmentations de capital, soit de subventions. L'augmentation de capital par *appel de numéraire* constitue la voie privilégiée pour lever des fonds propres externes. Après une présentation générale de l'augmentation de capital, nous évoquerons certains aspects particuliers du financement par fonds propres externes tels que les avantages et inconvénients de l'introduction en bourse, le recours aux sociétés de capital risque, le personnel en tant qu'apporteur de capital et enfin, les sources de subventions.

---

(1) Bien que la gestion du risque de taux concerne l'ensemble des décisions financières qu'elles soient à long ou à court terme, il nous semble préférable de la présenter dans le chapitre consacré à la gestion financière à long terme.

A. – l'augmentation de capital : généralités

1°). – L'augmentation de capital : une vente d'actions

L'augmentation de capital ne se traduit par un apport externe de capitaux que s'il y a *appel de numéraire*. Les augmentations de capital réalisées par incorporation de réserves ou par conversion de créances n'apportent pas de liquidités supplémentaires, mais modifient uniquement la nature juridique du passif.

L'augmentation de capital s'analyse comme une *vente d'actions*. En contrepartie de leurs capitaux, les investisseurs reçoivent des actions qui leur confèrent trois droits : 1) le droit à la perception des dividendes ; 2) le droit à une part de la valeur des capitaux propres et 3) le droit de vote qui leur permet d'exercer un pouvoir de contrôle sur la gestion.

Cependant, ces droits qui sont associés à la forme traditionnelle de l'action peuvent connaître des aménagements ayant pour objet soit d'influer sur le contrôle de la société, soit de modifier les conditions de rémunération. Citons par exemple :

- les *actions à droit de vote double* qui bénéficient sous certaines conditions d'un droit de vote double ;
- les *actions de priorité* et *à dividende prioritaire sans droit de vote* qui permettent d'attribuer une priorité à certaines catégories d'actionnaires, soit dans la répartition du résultat, soit dans la liquidation de l'actif ;
- les actions démembrées en *certificat d'investissement* et *droit de vote* qui rendent possible la dissociation des droits pécuniaires et du droit de vote ;
- les ABSA, *actions à bons de souscription d'actions* dont le bon de souscription permet de souscrire ultérieurement d'autres actions à un prix fixé à l'avance.

2°). – La réglementation de l'augmentation de capital

L'augmentation de capital est soumise à une réglementation contraignante qui a pour but de protéger les souscripteurs. Les principales conditions imposées sont les suivantes :

- le capital social doit être entièrement libéré ;
- l'augmentation de capital (s'il y a émission d'actions nouvelles) doit être décidée par l'assemblée générale extraordinaire des actionnaires à la majorité des deux tiers ;
- en cas d'*appel public à l'épargne*, il y a lieu de publier une notice au *BALO (Bulletin des annonces légales obligatoires)* et s'il y a émission de valeurs mobilières, une note d'information par voie de presse, revêtue du visa de la COB (Commission des opérations de bourse), décrivant l'organisation et la situation financière de la société.

3°). — Souscription et libération des fonds

a) Les conditions de souscription et de libération des fonds

Un certain nombre de conditions régissent la souscription à l'augmentation de capital. En particulier, les anciens actionnaires bénéficient d'un *droit préférentiel de souscription* destiné à les protéger. En cas d'appel public à l'épargne, l'assemblée générale extraordinaire peut décider de supprimer ce droit, mais dans ce cas le prix d'émission est fonction de la moyenne des cours précédant l'émission.

Les souscriptions sont dites à *titre irréductible* lorsqu'elles sont faites en vertu du droit préférentiel de souscription. Le délai imparti pour exercer ce droit ne peut être inférieur à vingt jours à partir de l'ouverture de la souscription ; ce droit est négociable et fait l'objet d'une cotation pour les sociétés cotées.

Les actions non souscrites à titre irréductible sont attribuées si l'assemblée générale l'a décidé expressément, à *titre réductible* aux actionnaires qui ont souscrit à un nombre supérieur d'actions à celui auquel ils pouvaient prétendre sur la base de leurs droits de souscription. La répartition se fait alors proportionnellement aux droits de souscription dont ils disposent et en fonction des demandes.

Les conditions suivantes doivent également être respectées :
- la souscription doit atteindre au moins 75 % du montant visé ;
- lors de la souscription le montant libéré doit être au minimum du quart ; la prime d'émission doit être immédiatement libérée. La libération du solde doit être faite en une ou plusieurs fois dans un délai de cinq ans.

b) Le mécanisme du droit préférentiel de souscription

La société Levasseur dont le nombre d'actions est de :
N = 100 000, procède à une augmentation de capital de n = 20 000 actions nouvelles au prix d'émission de E = 500 F. Le cours au moment de l'émission est de P = 1 000 F. Le *rapport de souscription* est de une action nouvelle pour cinq anciennes ; autrement dit, il est nécessaire de disposer de cinq droits préférentiels de souscription pour souscrire une action nouvelle.

Le cours P* qui prévaut juste après l'émission s'évalue à partir de la capitalisation boursière après augmentation de capital qui reflète la valeur boursière de l'entreprise et s'obtient par une moyenne pondérée entre le cours avant émission et le prix d'émission, la pondération étant fonction des proportions respectives d'actions anciennes et nouvelles.

Cours P*= Capitalisation boursière après augmentation / Nombre total d'actions

$$P* = \frac{N.P + n.E}{N + n} = \frac{(100\ 000 \times 1\ 000) + (20\ 000 \times 500)}{100\ 000 + 20\ 000} = 916,67\ F$$

Les anciens actionnaires bénéficient d'un droit préférentiel de souscription DS dont la valeur est égale à la perte de valeur subie par une action ancienne du fait de l'augmentation de capital, soit :
DS = P - P*= 1 000 - 916,67 = 83,33 F
La relation permettant d'évaluer directement le DS s'écrit :

$$DS = (P - E) \cdot \frac{n}{N + n}$$

Chaque ancien actionnaire dispose d'un droit de souscription par action ancienne. Il peut soit utiliser ses droits pour souscrire prioritairement à l'augmentation de capital, soit les revendre à d'autres investisseurs souhaitant participer à l'augmentation de capital. Le mécanisme permet de dédommager les anciens actionnaires, qu'ils utilisent ou non leurs droits pour souscrire.

1) Les anciens actionnaires ne souscrivent pas à l'augmentation de capital
Leur richesse initiale au moment de l'émission est de :
100 000 x 1 000 = 100 MF
Après émission, leur patrimoine reste de 100 MF et est composé de :
- 100 000 actions x 916,67 F = 91,667 MF
- du produit de la vente des droits, soit : 100 000 x 83,33 F = 8,333 MF
Ils ne détiennent plus que 100 000 actions sur les 120 000, soit 83,33 % du capital.

2) Les actionnaires souscrivent à l'augmentation de capital à concurrence de la valeur de leurs droits
Dans cette hypothèse, les anciens actionnaires n'apportent pas de fonds nouveaux à la société. Ils souscrivent uniquement à concurrence de la valeur de leurs droits.
Pour souscrire une action nouvelle, il faut verser :
. le prix d'émission 500 F
. cinq droits de souscription, soit 5 x 83,33 = 416,65 F
soit au total 916,65 F, c'est-à-dire le cours après émission, aux arrondis près.
Compte tenu des 8,333 MF procurés par la vente des droits, les anciens actionnaires peuvent souscrire 9 090 actions nouvelles et se retrouver avec un total de 109 090 actions, sans apporter de fonds nouveaux. La valeur des 109 090 actions est égale à la capitalisation boursière au moment de l'émission : 109 090 x 916,67 F = 100 MF ; les anciens actionnaires ont donc été dédommagés. Par ailleurs, les nouveaux actionnaires détenant dans ce cas 10 910 actions, les anciens actionnaires ne détiennent plus que 90,9 % du capital.

4°). — Le cas des sociétés cotées

a) La réalisation et le coût de l'augmentation de capital

Les opérations d'augmentation de capital sont conduites par un *syndicat bancaire* dirigé par un *chef de file*. Les banques remplissent trois fonctions : 1) conseiller la société dans le montage de l'opération (fixation du calendrier et du prix d'émission) et accomplir les opérations usuelles (rédaction des documents, préparation de l'assemblée...) ; 2) placer les titres et collecter les fonds et 3) éventuellement, accorder une *garantie de bonne fin* à l'augmentation de capital.

Si le prix d'émission est fixé à un niveau élevé par rapport au cours boursier, il est prudent de couvrir le risque de non-souscription en faisant garantir l'augmentation de capital par le syndicat bancaire. La garantie de bonne fin implique que les banques assurent la prise ferme de l'augmentation de capital au prix d'émission demandé. La garantie peut être totale ou partielle. Le coût de la garantie est en moyenne de 2,5 % du montant garanti ; il est négociable. On prétend généralement que le prix d'émission ne doit pas être supérieur à 80 % du cours.

Le coût de l'augmentation de capital inclut notamment les frais légaux, administratifs et d'intermédiation financière. Ces derniers comprennent les différentes commissions destinées à rémunérer les services accomplis par les banques, notamment le placement et éventuellement la garantie de bonne fin. En moyenne, l'ensemble de ces coûts représente 5 % du montant de l'augmentation de capital.

b) L'effet de dilution

Un des critères les plus utilisés pour juger de l'incidence d'une augmentation de capital est celui de *dilution* qui se rapporte à deux aspects : le contrôle du capital et la richesse des actionnaires.

La *dilution du contrôle* se mesure par la perte de contrôle subie par un actionnaire qui ne souscrit à l'augmentation de capital qu'à concurrence de ses droits de souscription, autrement dit sans apporter de fonds nouveaux. Ainsi, dans l'exemple utilisé pour étudier le mécanisme du droit de souscription, on constate que l'augmentation de capital entraîne une réduction du taux de détention du capital par les anciens actionnaires à 90,9 %.

Le cours de l'action pouvant s'évaluer à partir du modèle de capitalisation des bénéfices (cours = BPA x PER), l'incidence de l'augmentation de capital sur la richesse des actionnaires est souvent mesurée à partir de la *dilution du bénéfice par action,* c'est-à-dire de la baisse du BPA induite par l'augmentation de capital. Cette mesure cependant peut être trompeuse. Premièrement, elle ignore l'incidence de l'opération sur le PER. Deuxièmement, si l'investissement financé par l'augmentation de capital se révèle rentable, la baisse initiale du BPA est provisoire et ne traduit pas une diminution de la richesse des actionnaires.

B. – aspects particuliers du financement par fonds propres externes

1°). — L'introduction en bourse

Même si l'introduction en bourse n'a pas toujours à l'origine, pour motif principal la recherche de fonds propres externes, cette dernière apparaît à terme comme un élément déterminant.

a) Avantages et inconvénients de la cotation

Pour comprendre l'intérêt d'une introduction en bourse, il est nécessaire d'insister sur trois caractéristiques des actions cotées : 1) elles permettent une séparation des fonctions de décision et de propriété ; les actionnaires ne sont pas tenus de participer à la gestion ; 2) elles sont parfaitement négociables et 3) leur durée de vie n'est limitée que par celle de la société.

Ces propriétés offrent les avantages suivants :

- le risque peut être réparti entre de nombreux agents ; cette répartition facilite la mobilisation de montants de capitaux élevés ;

- l'apparition d'un groupe d'agents spécialisés (les actionnaires) chargés d'assumer le risque est facilitée. Cette spécialisation permet de réduire les coûts d'information pour les autres agents économiques ;

- il est possible de collecter des fonds importants afin de financer des actifs qui compte tenu de leur spécificité, seraient difficilement finançables par d'autres sources de financement, par exemple les actifs incorporels qui offrent peu de garantie aux créanciers ;

- l'entreprise fait l'objet d'une valorisation continue sur le marché financier. Cette valorisation d'une part, apporte une aide précieuse aux dirigeants car elle permet d'apprécier la performance de l'entreprise. D'autre part, elle assure la mobilité du capital ; elle facilite en particulier la transmission des entreprises.

La cotation entraîne également des contraintes et des coûts. Les sociétés cotées sont soumises à des obligations plus sévères en matière d'information des tiers et font l'objet d'une surveillance de la COB ; elles paient des frais sous forme d'abonnement annuel pour être cotées. Enfin, la cotation en cas de capital fortement dilué fait encourir des risques de perte de contrôle pour les dirigeants, leur entreprise pouvant faire l'objet d'une offre d'achat, notamment sous forme d'OPA (Offre publique d'achat) ou d'OPE (Offre publique d'échange) (2).

b) Les conditions d'accès au marché

Les conditions d'accès varient selon le type de marché visé : marché officiel (règlement mensuel et comptant), second marché et hors-cote.

---

(2) Dans les OPA le paiement des actions acquises se fait sous forme de liquidités alors que dans les OPE, il se fait par échange de titres. Les titres de la société offreuse sont offerts en échange des titres de la société acquise.

tableau 1.1
les conditions de l'introduction en bourse

	Cote officielle	Second marché	Hors-cote
1. Diffusion minimale du capital	25 % du capital ou nombre de titres suffisants pour assurer un fonctionnement régulier du marché Dérogation possible du CBV	10 % du capital	Pas de contrainte
2. Conditions de résultat	Trois derniers exercices bénéficiaires avec distribution de dividendes	Pas de contrainte	Pas de contrainte
3. Contrôle des comptes	Révision comptable préalable par un cabinet agréé par la COB	Révision dans un délai de 3 ans après l'inscription	Pas de contrainte
4. Information	Note d'information visée par la COB	Publication d'une notice au *BALO*	Publication d'une notice au *BALO*

Les conditions d'accès au marché officiel apparaissent strictes, lourdes et coûteuses ; elles ont longtemps dissuadé de nombreuses entreprises de se faire coter. L'ouverture en février 1983 du second marché a eu pour but de faciliter l'accès à des PME solides, en allégeant ces conditions.

c) *Les modalités de l'introduction en bourse*

L'introduction en bourse est réalisée par un pool d'introduction, regroupant des intermédiaires financiers, banques et sociétés de bourse. Le banquier introducteur joue un rôle essentiel en conseillant la société sur les opérations préparatoires à l'introduction (réorganisation de l'actionnariat, restructuration des activités, évaluation…) mais également sur le choix de la procédure d'introduction et sur la politique future de la société en matière d'information des actionnaires et de dividendes. Il assume également la préparation du dossier d'introduction et apporte son concours à l'entreprise pour accomplir les formalités.

Le dossier doit être adressé au CBV (Conseil des bourses de valeurs) et à la COB ; il est instruit par la Société des bourses françaises (SBF) qui arrête la procédure suivie pour l'introduction. Le pouvoir d'admission appartient au CBV, mais la COB dispose d'un droit d'opposition. Enfin, la banque contribue au placement des titres. La société de bourse est plus particulièrement chargée des opérations spécifiquement boursières. L'introduction en bourse se fait soit par mise à disposition des titres directement auprès du public, soit auprès d'intermédiaires financiers.

2°). — Le recours aux sociétés de capital-risque

Le capital-risque est souvent défini comme un procédé de financement par capitaux propres en faveur de projets émanant de PME innovatrices, lançant sur le marché des produits ou des services nouveaux, ou exploitant des procédés originaux. En fait, il convient de distinguer trois types d'opérations : 1) le capital-risque *stricto sensu*, qui consiste à accompagner financièrement une entreprise courant un risque technologique ; 2) le *capital développement*, qui se traduit par un apport de capitaux à une entreprise ne courant plus de risque technologique, mais dont le développement passe par un apport externe de fonds propres et 3) le *capital transmission*, constitué principalement des rachats d'entreprise avec recours à l'effet de levier de la dette.

L'activité de capital-risque est assurée par des organismes financiers privés ou publics qui prennent des prises de participation minoritaires dans des sociétés le plus souvent non cotées.

On peut distinguer quatre grandes catégories d'intervenants :

1) les grandes banques commerciales françaises qui interviennent depuis longtemps sur ce marché, soit indirectement en participant au capital des sociétés de développement régional, soit en créant des filiales spécialisées ;

2) les compagnies financières Suez et Paribas et les banques d'affaires qui regroupent les intervenants bancaires ayant vocation à réaliser des montages financiers et à investir en fonds propres ;

3) les fonds d'investissements. Ces fonds ont un capital dispersé, mais les actionnaires jouent un rôle actif dans leur fonctionnement (apport de dossiers, participation aux décisions d'investissements...) ;

4) les sociétés de développement régional (SDR), les sociétés spécialisées indépendantes d'organismes financiers (instituts régionaux de participation, sociétés de capital risque indépendantes...), le Crédit national et l'Institut de développement industriel.

3°). — Le personnel en tant qu'apporteur de fonds propres

Le personnel peut contribuer significativement au financement par fonds propres dans le cadre des mesures qui organisent l'actionnariat des salariés même si les motivations qui ont justifié leur mise en place sont d'une autre nature. En particulier, les entreprises y cherchent principalement un moyen de renforcer la motivation des salariés et de moduler les rémunérations en fonction du niveau de l'activité et des résultats.

Ces mesures s'accompagnent d'un statut fiscal souvent favorable, tant pour les salariés que pour les entreprises, ce qui explique leur succès. Les deux modalités principales qui permettent aux salariés d'accéder à l'actionnariat sont constituées par les Plans d'épargne d'entreprise (PEE) et les options de souscription ou d'achat d'actions réservés aux salariés, qui permettent de souscrire les actions de la société à des prix préférentiels.

4°). — Les primes, aides et subventions

Les pouvoirs publics en aidant les entreprises qui investissent ou embauchent conformément aux objectifs prioritaires qu'ils définissent, contribuent à l'apport de fonds propres externes notamment sous forme de primes et de subventions. Les objectifs prioritaires sont actuellement les suivants : création d'entreprises, décentralisation et création d'emplois dans certaines régions, installation et développement de l'artisanat, innovation, économies d'énergie et de matières premières, lutte antipollution, etc.

■■ § 2. — les fonds propres d'origine interne : autofinancement et politique de dividendes

L'autofinancement représente le flux de fonds propres provenant des opérations de l'entreprise et réinvesti. Une entreprise pouvant faire appel à ses actionnaires en cas de besoin, on peut s'interroger sur les raisons qui motivent l'autofinancement plutôt que la distribution intégrale du résultat. La décision d'autofinancement ne peut donc être étudiée sans évoquer la décision alternative, la distribution de dividendes.

A. – les fondements des politiques d'autofinancement et de dividendes

Sous l'hypothèse de perfection des marchés financiers, l'endettement en l'absence d'imposition des résultats n'a pas d'incidence sur la valeur de l'entreprise. Ce résultat s'applique également à la politique de dividendes et à son corollaire la politique d'autofinancement. Par conséquent, ces dernières trouvent leur justification dans les nombreuses *imperfections du marché financier* et dans les *conflits d'intérêts entre actionnaires et dirigeants*. Considérons-les successivement.

1) **La fiscalité**. Pour les actionnaires, il n'y a indifférence entre la distribution et la rétention des bénéfices que si le traitement fiscal des dividendes est identique à celui des plus-values. De même, pour l'entreprise, la neutralité n'existe que si les résultats mis en réserves sont imposés au même taux que ceux qui sont distribués. Même si la fiscalité évolue selon les époques, cette double neutralité est rarement respectée.

2) **L'asymétrie d'information entre les actionnaires et les dirigeants**. Les actionnaires étant moins bien informés des perspectives de l'entreprise que les dirigeants, le dividende peut jouer un *rôle informatif*. Ainsi, le maintien du dividende en cas de baisse du résultat est interprété comme un *signal* favorable par le marché financier.

3) **L'accès au marché financier est coûteux et réglementé**. Si une entreprise pouvait collecter des fonds par augmentation de capital, librement et sans coût, elle pourrait substituer exactement au montant des dividendes distribués des augmentations de capital de même montant ; il y aurait alors neutralité de la politique de dividendes. Les coûts et la réglementation de l'augmentation de capital rendent cette substitution très difficile à réaliser.

4) **La distribution de dividendes est soumise à des contraintes légales**. Les entreprises ne sont pas libres de distribuer un montant quelconque de dividende. Le droit des sociétés restreint fortement les possibilités de distribution en définissant la notion de bénéfice distribuable de façon restrictive.

5) **Les conflits d'intérêts entre actionnaires et dirigeants**. Les dirigeants par souci d'autonomie ont intérêt à privilégier l'autofinancement aux dépens de la distribution de dividendes. Cette dernière implique que les dirigeants doivent procéder plus fréquemment à des augmentations de capital ; ils se soumettent ainsi à la discipline exercée par le marché financier.

De nombreux motifs justifient donc l'existence tant de l'autofinancement que de la politique des dividendes. Cette dernière compte tenu de son coût semble justifiée notamment par son contenu informatif et par son rôle de conciliation des intérêts des actionnaires et des dirigeants. L'entreprise, selon les contraintes financières qui s'imposent à elle et selon la nature des relations qu'elle entretient avec ses actionnaires, aura plus ou moins tendance à favoriser l'autofinancement ou la politique de dividendes.

B. – un faux motif : la gratuité de l'autofinancement

Un motif fréquemment invoqué en faveur de l'autofinancement serait sa prétendue gratuité. L'autofinancement d'un investissement signifie que l'entreprise le finance au moyen des liquidités sécrétées par les investissements précédents qui ont eux-mêmes été financés grâce aux capitaux apportés par les actionnaires et les créanciers financiers. Les apporteurs de capitaux gardant les mêmes exigences en matière de rentabilité pour les investissements autofinancés que pour les autres, *le coût de l'autofinancement est égal au CMP*.

C. – pratique et mise en oeuvre de la politique de dividendes

Le dividende est décidé par l'assemblée générale des actionnaires conformément aux dispositions statutaires. Celles-ci peuvent prévoir la distribution d'un dividende minimal, le *premier dividende* ou *intérêt statutaire*, fixé souvent à 5 % et évalué sur le montant libéré et non remboursé des actions. Si le dividende versé excède le dividende statutaire, le surplus constitue le *superdividende*. Les dividendes doivent être distribués au plus tard dans un délai de neuf mois après la clôture de l'exercice. Ils peuvent être versés en numéraire ou en actions sous certaines conditions.

Le taux de distribution moyen en France pour les entreprises cotées est approximativement du tiers du résultat. Il existe trois grands types de politiques de dividendes.

1) La politique résiduelle ; le dividende est déterminé de façon résiduelle. L'entreprise évalue ses possibilités de financement, en y intégrant l'endettement, puis retranche les projets d'investissement rentables. Le niveau du dividende dépend du solde disponible.

2) La politique fondée sur un taux de distribution (dividende / résultat) constant.

3) La politique de stabilité ; la société cherche à maintenir un montant de dividendes relativement stable ce qui permet notamment de rassurer les investisseurs en cas de fluctuation brusque du résultat.

D. – l'augmentation de capital par incorporation de réserves

L'augmentation de capital par incorporation de réserves n'apporte pas de fonds nouveaux à l'entreprise ; elle bénéficie en outre d'un traitement fiscal défavorable. On peut s'interroger en conséquence sur les motifs que peut avoir une entreprise pour procéder à ce type d'opération.

Deux avantages sont généralement invoqués :

1) ce type d'opération s'accompagne le plus souvent d'une distribution d'actions gratuites qui permet de réduire le cours et d'élargir ainsi le marché du titre. Cet avantage est surtout intéressant pour les entreprises dont le cours est très élevé ;

2) elle est le plus souvent interprétée comme un signal favorable par le marché financier, l'entreprise se soumettant ainsi à une contrainte disciplinaire plus forte de la part des actionnaires.

Dans le cas des augmentations de capital par incorporation de réserves, le *droit d'attribution* joue un rôle similaire à celui du droit préférentiel de souscription pour les augmentations de capital en numéraire. Il a pour objet de compenser la baisse du cours entraînée par l'augmentation de capital et est cessible et négociable.

Soit P le cours de l'action avant l'augmentation de capital, N le nombre d'actions anciennes et n le nombre d'actions nouvelles, l'action a un cours P* après augmentation de capital :

$$P^* = \frac{N.P}{N + n}$$

La valeur du droit d'attribution est en conséquence de P - P*.

---

encadré 1.1

augmentation de capital par incorporation de réserves

Une entreprise a 100 000 actions de nominal 100 F ; le cours avant augmentation de capital est de 1 000 F. Elle décide de procéder à une augmentation de capital par incorporation de réserves de 10 MF, ce qui la conduit à créer 100 000 actions nouvelles d'un nominal de 100 F. Chaque ancien actionnaire recevra gratuitement une action nouvelle pour chaque action ancienne.

Le cours après augmentation de capital est de :
P*= 10 MF / 200 000 = 500 F, et la valeur du droit d'attribution est de :
1 000 - 500 = 500 F.

■ § 3. — les quasi-fonds propres

On classe le plus souvent parmi les quasi-fonds propres, les ressources suivantes : avances en compte courant des associés, prêts participatifs, titres participatifs, titres et dettes subordonnés et obligations convertibles ou à bons de souscription d'actions (OBSA). Ces différentes ressources constituent en fait des dettes financières. L'étude des obligations convertibles et des OBSA sera faite conjointement avec les autres emprunts obligataires.

A. – les avances en compte courant des associés (CCA)

Une société commerciale n'est habilitée à bénéficier de prêts à moins de deux ans que des actionnaires détenant au moins 5 % du capital ainsi que des gérants et des administrateurs. Il est fréquent que lors d'un accord de crédit, les banques demandent à ce que les comptes courants soient bloqués pendant une certaine durée.

Compte tenu de son mode de rémunération qui ne dépend pas de l'évolution de la rentabilité de l'entreprise, les CCA ont en fait un statut de dette financière. Sur le plan fiscal cependant, les intérêts ne sont déductibles que si le capital a été entièrement libéré et dans certaines limites.

B. – prêts et titres participatifs

Les prêts participatifs sont des prêts à long terme créés avec l'objectif d'accroître la capacité d'endettement des entreprises. Les établissements financiers et les banques doivent inclure les prêts participatifs parmi les fonds propres pour évaluer cette capacité. Ces prêts constituent des créances de dernier rang ; autrement dit, ils ne sont remboursés qu'après les autres créances. Leur rémunération comprend une partie fixe et une partie variable fonction du résultat de l'entreprise.

L'émission des *titres participatifs* est réservée aux sociétés par actions du secteur public et du secteur coopératif. Ils ne sont remboursables qu'en cas de liquidation de la société ou sur décision de la société après un délai qui ne peut être inférieur à sept ans et selon les conditions prévues au contrat d'émission. En cas de liquidation, ils prennent rang après les prêts participatifs. Leur rémunération comprend une composante fixe et une composante variable, fonction de l'évolution de l'activité et des résultats de la société.

C. – titres et dettes subordonnés

Les titres et dettes *subordonnés* présentent une clause de subordination selon laquelle, en cas de liquidation, leur remboursement n'intervient qu'après celui des autres créanciers, à l'exception des prêts et des titres participatifs. Si le titre est de durée indéterminée *(titre subordonné à durée indéterminée* TSDI), il n'y a remboursement qu'en cas de liquidation. En cas d'absence de bénéfice distribuable, le paiement de la rémunération annuelle peut être supprimé ou reporté. L'intérêt peut être fixe mais le plus souvent, il est variable. Les *titres subordonnés remboursables* TSR comportent une échéance de remboursement.

Ce type de dette hybride permet d'offrir une rémunération plus intéressante aux créanciers afin de compenser le risque encouru du fait de la subordination et de faciliter la mise en place de montages financiers faisant appel à un fort levier d'endettement, notamment dans les opérations de reprises d'entreprise telles que les LBO (Leverage buy out). Le principe de ces opérations consiste pour des investisseurs extérieurs à une entreprise (ou pour ses salariés) (3) à la reprendre avec un faible apport en capital. La

---

(3) On parle alors de LMBO (Leverage management buy out), les salariés repreneurs étant le plus souvent des cadres de l'entreprise. Cette forme de LBO s'accompagne d'avantages fiscaux.

part la plus importante des capitaux provient de l'endettement (d'où la notion de levier d'endettement), notamment sous forme de dettes subordonnées qui seront remboursées grâce à l'autofinancement sécrété par l'entreprise reprise.

le financement par dette à long et moyen terme

L'endettement financier stable des entreprises provient majoritairement de la voie bancaire, sous forme de prêts et de crédits à long et moyen terme accordés par les établissements financiers et par les banques. Le financement par crédit-bail peut s'interpréter comme une forme particulière de prêt. L'émission d'obligations se fait presque exclusivement par appel public à l'épargne et est quasiment réservée aux sociétés cotées. Il existe cependant des emprunts obligataires collectifs émis par des groupements d'entreprises, qui permettent aux entreprises de taille insuffisante d'accéder indirectement au marché obligataire.

■ § 1. – le financement à long et moyen terme de nature bancaire

A. – la nature des financements à long et moyen terme

Les emprunts contractés auprès des établissements financiers et des banques sont dits *indivis*, l'interlocuteur de l'entreprise étant unique et la dette n'étant pas divisible. Les concours accordés se répartissent en *prêts* et *crédits*. Un prêt donne lieu à un versement effectif des fonds en une ou plusieurs fois. Le remboursement s'effectue selon les termes du contrat. Le crédit se distingue du prêt dans la mesure où le versement des fonds n'est pas obligatoire. L'emprunteur utilise le crédit en fonction de ses besoins et selon des modalités définies contractuellement. La formule du crédit apparaît donc plus souple que celle du prêt. Les opérations de long terme se font quasiment exclusivement sous forme de prêt et les concours à moyen terme revêtent le plus souvent la forme de crédits.

Selon les normes bancaires, un crédit est à moyen terme si sa durée s'échelonne entre deux et sept ans. Le long terme s'étend le plus souvent de sept à quinze ans, mais peut atteindre vingt ans. La distribution des prêts à long terme est pour l'essentiel effectuée par les établissements financiers spécialisés et celle des crédits à moyen terme par les banques. L'objet des prêts à long terme est normalement moins spécialisé que celui des crédits à moyen terme. Dans certains cas, le financement d'un programme d'investissements se fait en jumelant un prêt à long terme et des crédits à moyen terme.

B. – le financement par prêts à long terme

La grande majorité des prêts à long terme est distribuée par quatre établissements financiers : le Crédit national, le Crédit d'équipement des PME (CEPME), les Sociétés de développement régional (SDR) et le Crédit coopératif. La quotité de l'investissement qui est financée varie suivant les organismes et la nature des investissements mais est généralement plafonnée à 70 % du montant hors taxes. Ces établissements jouent également un rôle important dans la procédure d'octroi des concours à moyen terme.

C. – le financement par crédits à moyen terme

Les concours à moyen terme prennent la plupart du temps la forme de crédits *subjectifs* accordés en fonction des caractéristiques financières de l'entreprise et correspondant à une ligne de crédit quasi permanente. Ils se distinguent ainsi des *crédits objectifs* dont l'objet est spécialisé.

Ce type de crédit est réalisé par émission de billets trimestriels. Les conditions varient en fonction de l'organisme qui intervient, de la durée du concours, des caractéristiques de l'entreprise. Le coût global dépend du *taux de base bancaire* qui dépend du coût des ressources des banques ou du taux du marché monétaire, de la marge fixée en fonction des paramètres précédents et de différentes commissions, en particulier la *commission d'engagement* qui est évaluée sur le montant total du crédit.

■ § 2. – le financement par crédit-bail

Le crédit-bail est une forme de financement qui constitue un substitut à l'emprunt et qui s'est fortement développée auprès des PME.

A. – crédit-bail mobilier et crédit-bail immobilier

Le *crédit-bail mobilier* permet de louer des biens d'équipement, des matériels d'outillage, voire des fonds de commerce. La location est assortie d'une promesse unilatérale de vente au profit du locataire. Le locataire a finalement le choix entre trois possibilités : lever l'option, c'est-à-dire acheter le bien à la valeur résiduelle fixée contractuellement, renouveler le contrat de location ou restituer le bien. Le choix du matériel incombe au locataire. Le bailleur n'exerce qu'une fonction purement financière. Le locataire agit comme mandataire du bailleur dans l'achat du matériel. Il s'engage à payer les loyers. La publicité légale est assurée par le bailleur par inscription au registre du greffe du tribunal de commerce.

Le *crédit-bail adossé* constitue une modalité particulière du crédit-bail mobilier ; le fournisseur de l'équipement contracte avec la société de crédit-bail pour l'achat du matériel, puis sous-loue le bien auprès de l'utilisateur final.

Le *crédit-bail immobilier* permet de louer des biens immobiliers à usage professionnel. A l'expiration du bail, le locataire peut devenir propriétaire, le transfert de la propriété pouvant revêtir plusieurs formes. Il peut s'effectuer selon les mêmes modalités que pour le crédit-bail mobilier dans le cas où la société de crédit-bail est propriétaire du terrain et des constructions. Il peut se révéler plus complexe lorsque la société de crédit-bail et l'utilisateur constituent ensemble une *société civile immobilière* (SCI), gérée et contrôlée par la société de crédit-bail. La SCI achète alors le terrain, édifie les constructions et loue l'ensemble à l'utilisateur qui pourra acquérir en fin de bail, les parts de la société de crédit-bail.

Le crédit-bail immobilier est pratiqué principalement par les SICOMI (sociétés immobilières pour le commerce et l'industrie) qui sont des sociétés spécialisées, soumises au statut des banques et des établissements financiers. La durée des conventions est plus longue qu'en cas de crédit-bail mobilier (de dix à vingt-cinq ans, le plus souvent quinze ans). La société de crédit-bail procède aux formalités de publicité légale par inscription au registre foncier, à la conservation des hypothèques.

La *cession-bail* ou *lease-back* constitue une forme particulière de crédit-bail immobilier. Il s'agit d'une technique de crédit par laquelle « l'emprunteur » transfère au prêteur, la propriété d'un bien qu'il rachète progressivement suivant une formule de location assortie d'une promesse de vente. Il s'agit pour une entreprise, d'un moyen de se procurer un crédit garanti par un immeuble dont elle est à l'origine propriétaire.

B. – les avantages comparatifs du crédit-bail par rapport à l'emprunt

Le crédit-bail se révélant le plus souvent plus onéreux que l'emprunt, trois arguments sont invoqués pour justifier son utilisation.

1) **Le caractère pratique du crédit-bail.** Cet argument s'applique surtout au crédit-bail mobilier qui permet d'utiliser sur des périodes brèves, des biens d'équipement sans passer par les formalités et les risques liés à une procédure d'achat et de revente. Les procédures utilisées permettent souvent une mise en place plus rapide et des coûts administratifs plus faibles qu'avec un financement par emprunt. Enfin, pour certains types de biens, par exemple l'informatique, le crédit-bail permet également d'offrir des services autres que financiers : maintenance, élimination du risque d'obsolescence...

2) **La couverture intégrale du besoin à financer.** Contrairement à l'emprunt, le crédit-bail permet de financer les biens à 100 %. Cet argument cependant est contestable. D'une part, certaines sociétés de crédit-bail exigent de l'entreprise une avance qui n'est remboursée qu'au terme du bail ; en général 25 % en matière de crédit-bail immobilier. D'autre part, les loyers sont versés en début de période, alors que les annuités d'emprunt sont payées le plus souvent en fin de période ; le premier loyer vient donc en déduction du montant apparemment financé.

3) **L'accroissement de la capacité d'endettement.** Le mode de comptabilisation hors-bilan du crédit-bail permettrait en minorant le risque apparent d'accroître la capacité d'endettement. La validité de cet argument suppose une certaine naïveté de la part des prêteurs qui peuvent réintégrer le crédit-bail dans les comptes pour analyser le risque présenté par l'entreprise et s'informer sur ses engagements. Une justification plus fondée existe cependant ; le bailleur bénéficie d'une meilleure garantie que le prêteur en cas de défaillance, puisqu'il est propriétaire du bien.

■■■ § 3. – le financement par emprunt obligataire

Contrairement à l'*emprunt indivis* contracté auprès d'un établissement financier, l'emprunt obligataire met en rapport un ensemble d'investisseurs et un seul emprunteur. Les investisseurs reçoivent des titres de créances, les obligations qui sont cotées et négociables sur le marché financier. Au-delà des obligations ordinaires, certaines formes d'obligations sont apparues pour protéger les obligataires contre les risques qu'ils encourent ou pour leur permettre de devenir actionnaires.

A. – les emprunts obligataires ordinaires

1°). – conditions et modalités d'émission

L'émission d'obligations est réservée aux seules sociétés par actions, à condition qu'elles aient au moins deux années d'existence et qu'elles aient établi deux bilans régulièrement approuvés par les actionnaires. Le capital doit être entièrement libéré. Certaines de ces conditions peuvent être assouplies en cas de garantie donnée par l'État. La décision d'émission appartient à l'assemblée générale ordinaire. En cas d'appel public à l'épargne, il est nécessaire d'insérer une notice au *BALO* et d'obtenir le visa préalable de la COB. Pour les émissions très importantes supérieures à un certain seuil, la société émettrice doit informer préalablement la direction du Trésor. La plupart des contrats d'émission comprennent la clause *pari passu*, par laquelle l'émetteur s'engage à faire bénéficier l'emprunt émis des garanties plus favorables qui pourraient être accordées aux souscripteurs d'emprunts ultérieurs.

La réalisation de l'emprunt est généralement déléguée au conseil d'administration ou aux dirigeants et doit être effectuée dans un délai de cinq ans. Le placement des titres est réalisé par un syndicat bancaire qui en garantit la bonne fin. Les différentes commissions perçues représentent près de 3 % du montant de l'emprunt. Les obligataires sont organisés collectivement en une *masse* qui jouit de la personnalité civile et est représentée par des mandataires élus et rémunérés par la société émettrice.

2°). – Les caractéristiques principales

Un emprunt obligataire est caractérisé par les éléments suivants : nom de l'emprunteur (avec ou sans la garantie de l'État), montant de l'emprunt, nombre de titres, valeur nominale, prix d'émission, valeur de remboursement, durée de vie de l'emprunt, date de souscription, taux d'intérêt nominal ou facial, mode de calcul des intérêts, conditions d'amortissement et clause de rachat anticipé.

a) Les primes : prime d'émission et prime de remboursement

La *prime d'émission* est égale à la différence entre la valeur nominale et le prix d'émission et la *prime de remboursement*, à la différence entre la valeur de remboursement et la valeur nominale. Ces primes ont pour rôle d'adapter l'emprunt à l'évolution des conditions du marché, entre la définition des caractéristiques de l'emprunt et la date effective de l'émission.

b) Taux nominal et mode de calcul des intérêts

Le *taux d'intérêt nominal* (ou *taux facial*) est le taux qui permet de calculer le montant des intérêts à partir de la valeur nominale du titre. Ce taux ne doit pas être confondu avec le *taux actuariel* qui représente la rentabilité du placement pour le porteur de l'obligation.

encadré 1.2

taux nominal et taux actuariel d'une obligation

Soit une obligation d'une valeur nominale de 1 000 F et d'une durée de vie de 10 ans ; le taux nominal est de 10 % ce qui entraîne le versement d'un intérêt annuel de 100 F. Cette obligation a été émise à 980 F, la prime d'émission étant de 20 F. Elle sera remboursée à 1 050 F, la prime de remboursement étant de 50 F. Le taux actuariel R est tel que :

$$980 = \sum_{t=1}^{10} \frac{100}{(1+R)^t} + \frac{1\,050}{(1+R)^{10}} \text{ et } R = 10{,}64 \ \%$$

Ce taux représente la rentabilité de l'opération pour l'investisseur en ignorant l'incidence de la fiscalité personnelle et des coûts de transaction.

c) *Les modalités d'amortissement*

Trois modalités d'amortissement sont particulièrement utilisées :

- l'*amortissement par annuités constantes* est la forme d'amortissement la plus utilisée en France. La société émettrice verse annuellement un montant constant, égal à la somme des intérêts et du remboursement en capital ;

- l'*amortissement par séries égales* se traduit par le remboursement d'un même nombre d'obligations chaque année. Le service de l'emprunt comprend un remboursement du capital constant et un montant des intérêts décroissant avec le temps. La charge financière est plus lourde en début de vie de l'emprunt ;

- l'*amortissement in fine* conduit à rembourser le capital en une seule fois, à la fin de la vie de l'emprunt. La seule charge supportée avant l'échéance est le paiement des intérêts. Cette méthode s'accompagne le plus souvent de la constitution d'un *sinking fund* (ou fonds de remboursement) ; la société place chaque année une somme qui, capitalisée, lui permet de rembourser le capital à l'échéance.

Dans les deux premiers cas, l'amortissement des obligations peut se faire au moins pour partie, par rachat en bourse, si le cours est avantageux par rapport à la valeur de remboursement et si une *clause de rachat anticipé* figure au contrat. Le reste des titres sera alors amorti à la valeur de remboursement et par tirage au sort. Ce dernier élément constitue un aléa supplémentaire dans la détermination de la rentabilité du placement pour l'investisseur.

3o). — Le rating ou notation

La pratique de la notation des titres obligataires originaire des pays anglo-saxons tend à se développer en France. Elle a pour objet d'évaluer le risque de défaillance de l'emprunteur et la note obtenue a une incidence sensible sur les conditions de l'émission, notamment sur le taux.

Le marché de la notation est dominé par les deux grandes agences américaines Moody's et Standard & Poor's qui ont implanté des filiales en France.

B. – les emprunts obligataires à taux variables, à warrants et à coupon zéro

Les *obligations à taux variables* sont apparues pour l'essentiel, dans une période d'accroissement des taux lié à la hausse de l'inflation, afin de protéger la rentabilité du capital investi par les investisseurs. En période de baisse des taux, elles permettent à l'entreprise d'ajuster le coût de son endettement aux nouvelles conditions du marché plus favorables.

Le taux d'intérêt utilisé pour évaluer le coupon est fixé en fonction de l'évolution des taux sur le marché financier. Les références les plus utilisées sont le taux *moyen du marché monétaire* ou le *taux moyen des obligations*. Les ajustements se font soit *a priori*, le coupon étant *prédéterminé*, c'est le principe utilisé pour les *obligations à taux flottants* ou à *taux révisable* ; soit *a posteriori*, au moment du détachement du coupon, le coupon étant *post déterminé*. Le choix du type d'indexation dépend des anticipations en matière d'évolution des taux.

Les *emprunts à warrants en obligations* ou *obligations à bons de souscription d'obligation* OBSO, constituent également des instruments permettant de se prémunir dans une certaine mesure, contre le risque de fluctuation des taux. Ces emprunts sont assortis d'un droit d'acheter une autre obligation de mêmes caractéristiques que la première, à un prix déterminé à l'avance. L'exercice du droit dépendra de l'évolution des conditions du marché.

Les *obligations à coupon zéro* présentent la particularité de ne pas donner lieu au paiement d'un coupon d'intérêt annuel. La rémunération se fait *in fine* par différence entre le prix d'émission et le prix de remboursement.

C. – les emprunts obligataires convertibles en actions et à bons de souscription d'actions

Les *emprunts obligataires convertibles en actions* et les OBSA permettent à leurs souscripteurs de devenir actionnaires (4).

_____

(4) Il existe également des ORA obligations remboursables en actions.

1°). — Des emprunts assortis d'une option d'achat d'action

Ces deux formes d'emprunts s'analysent économiquement comme des emprunts assortis d'une option d'achat d'action. Une *option d'achat* (de vente) d'action donne le droit à son acquéreur d'acheter une action (de vendre) pendant une période donnée ou à une date donnée, à un prix prédéterminé (le *prix d'exercice*). Une option constitue un *actif conditionnel* dans le sens où sa valeur dépend de l'exercice facultatif d'un droit et de l'évolution du cours de l'action, cette dernière étant l'actif *sous-jacent*.

---

encadré 1.3

le mécanisme de l'option d'achat sur action

Un investisseur acquiert pour 100 F une option d'achat sur l'action Dumas, qui lui donne le droit d'acheter cette action pendant une période de trois mois, à un cours de 1 000 F. Le cours actuel de l'action est de 800 F. Il spécule à la hausse. Si au cours des trois mois, le cours de l'action dépasse les 1 000 F pour atteindre par exemple 1 200 F, l'investisseur exerce son option. Il réalise alors un profit de 1 200 - 1 000 - 100 (coût de l'option) = 100 F. Inversement, si le cours reste inférieur à 1 000 F, l'option n'est jamais exercée et l'investisseur perd 100 F.

La valeur d'une obligation convertible peut en conséquence s'analyser comme résultant de la somme de la valeur d'une obligation ordinaire et d'une option d'achat sur action. La valeur de l'obligation ordinaire constitue la valeur plancher ; quant à la composante option, elle s'accroît d'autant plus que la valeur de l'action à laquelle elle donne droit augmente.

figure 1.7

la relation entre la valeur de l'obligation convertible et le cours de l'action

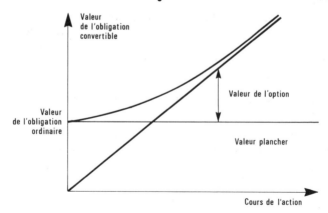

Pour l'obligation convertible, le *droit de conversion* donne la possibilité à l'obligataire, si le cours évolue favorablement, de convertir son obligation en action. La conversion s'effectue soit de façon *spontanée*, soit de façon *forcée*. Dans le premier cas, l'obligataire convertit son obligation car la rentabilité qu'il obtient en tant qu'actionnaire sous forme de dividende, est plus élevée que celle obtenue en qualité d'obligataire sous forme d'intérêt. Dans le second cas, la conversion s'effectue, car l'obligation est appelée au remboursement et le prix de remboursement proposé est inférieur à la valeur des actions reçues en contrepartie de la conversion de l'obligation.

L'OBSA donne à son détenteur le droit d'acheter une action grâce au bon de souscription qui constitue une option d'achat d'action et qui est détachable et négociable. Contrairement à l'obli-convertible, en cas d'exercice du bon, le porteur ne perd pas sa qualité d'obligataire.

2°). — Les conditions d'émission

Seules les sociétés par actions peuvent émettre des obligations convertibles sur décision de l'assemblée générale extraordinaire. Le prix d'émission des obligations convertibles ne peut être inférieur à la valeur nominale des actions que les obligataires recevront en cas d'option pour la conversion. Le contrat d'émission fixe les conditions et les bases de la conversion, ainsi que les délais de conversion.

La conversion des obligations peut être demandée à tout moment, pendant un délai dont le point de départ ne peut être postérieur, ni à la date de la première échéance de remboursement, ni au cinquième anniversaire du début de l'émission et qui expire, dans tous les cas, trois mois après la date à laquelle l'obligation est appelée au remboursement. Le droit de conversion peut être temporairement suspendu en cas d'augmentation de capital ou de fusion. Il y a le plus souvent une clause de remboursement anticipé au profit de l'émetteur.

Les modalités d'émission des OBSA sont quasiment identiques à celles des obligations convertibles. L'exercice du droit de souscription (prix et délai) est déterminé dans le contrat d'émission. La période d'exercice ne peut dépasser de plus de trois mois l'échéance d'amortissement final de l'emprunt. Les bons de souscription sont cessibles et négociables indépendamment des obligations. L'augmentation de capital qui résulte de l'exercice du droit de souscription est définitivement réalisée du seul fait du versement du prix de souscription.

3°). — Les avantages pour la société émettrice

Trois principaux arguments sont invoqués pour justifier l'utilisation des obligations convertibles ou des OBSA.

1) Elles permettent aux entreprises de s'endetter à un taux plus faible que celui des obligations ordinaires ; une compensation étant offerte aux souscripteurs par l'option de conversion ou le bon de souscription.

2) Elles conduisent à réaliser de façon différée une augmentation de capital, à un moment où il peut éventuellement être impossible de procéder à une telle augmentation dans des conditions normales.

3) Elles limitent l'effet de dilution du capital. Le prix d'émission des obligations convertibles ou des OBSA étant supérieur au cours de l'action à l'émission, le nombre de titres émis est moins important que dans le cas d'une augmentation de capital traditionnelle, ce qui limite les effets de dilution.

section III

la gestion du risque de taux d'intérêt

La gestion du risque entraîné par les fluctuations des taux d'intérêt ou *risque de taux* constitue la principale dimension de la gestion de l'endettement. Ce risque concerne également et de façon symétrique la politique de placement de l'entreprise.

■ § 1. — la nature du risque de taux d'intérêt

Une entreprise qui s'est financée par des emprunts à taux fixe encourt un risque de taux, car en cas de baisse des taux, elle subit un désavantage par rapport à ses concurrents qui peuvent se financer à meilleur coût. Ce désavantage se traduit par une hausse de la valeur de marché de sa dette, égale à la valeur actualisée au taux du marché des annuités. Il y a accroissement des engagements de l'entreprise évalués en valeur de marché. Inversement, une hausse des taux constitue un risque, si l'entreprise a effectué des placements par exemple dans des obligations à taux fixe. La valeur de ces dernières baisse, ce qui reflète le manque à gagner par rapport aux nouvelles conditions du marché. Il y a baisse de la valeur des actifs de l'entreprise.

Le risque de taux existe également relativement à des décisions futures d'endettement et de placement. Si une entreprise projette de contracter un nouvel emprunt à taux fixe, le risque sera constitué par une hausse prochaine des taux et inversement pour un placement.

tableau 1.2

conséquences des fluctuations de taux sur la valeur de l'entreprise

	Actif Placements ou créances à taux fixe		Passif Dettes à taux fixe	
	Actuels	Prévus	Actuelles	Prévues
Baisse des taux	Gain	Perte	Perte	Gain
Hausse des taux	Perte	Gain	Gain	Perte

Comme une baisse (une hausse) des taux entraîne simultanément une hausse (une baisse) de la valeur des dettes et des actifs, l'entreprise ne se trouve *globalement* en risque de taux que si la valeur de marché de ses capitaux propres égale à la différence entre les valeurs de marché des actifs et celles des dettes se réduit.

■■■ § 2. — la mesure du risque de taux d'intérêt

Traditionnellement, la mesure du risque de taux pour un endettement contracté sous forme obligataire se fait à partir des notions de *sensibilité* et de *duration*. Ces mesures peuvent s'appliquer pour évaluer le risque de taux de tout type d'actif, titre ou dette.

La sensibilité représente la variation relative ΔB (exprimée en pourcentage) du cours de l'obligation B, par rapport à une variation Δi du taux d'intérêt. Le cours de l'obligation étant égal à la valeur actualisée des flux (remboursements et intérêts) qui lui sont liés, il varie de façon inverse au taux d'intérêt qui représente le taux d'actualisation.

$$\text{Sensibilité} = -\frac{\Delta B/B}{\Delta i}$$

La duration est une notion très proche de la sensibilité :

$$\text{Duration} = \text{Sensibilité}.\,(1 + i)$$

Elle représente une durée de vie moyenne de l'obligation pondérée par les poids respectifs des différentes échéances. Soit C_t le flux de liquidités de la période t comprenant le coupon d'intérêt et le remboursement, et i le taux d'intérêt du marché, la duration s'écrit :

$$\text{Duration} = \frac{\displaystyle\sum_{t=1}^{n} \frac{t.\,C_t}{(1+i)^t}}{\displaystyle\sum_{t=1}^{n} \frac{C_t}{(1+i)^t}}$$

La duration est d'autant plus élevée que la durée de vie de l'emprunt est longue et que le taux facial est faible. On en déduit que les entreprises qui se financent par des emprunts de durée courte sont moins sensibles au risque de taux d'intérêt.

---

encadré 1.4

évaluation de la sensibilité et de la duration d'une obligation

Soit une obligation de valeur nominale 1 000 F et d'une durée de vie de dix ans. Le taux nominal est de 10 % et le remboursement se fait *in fine*. Le taux du marché i est de 10 %. Évaluons la duration et la sensibilité de cette obligation pour une variation du taux d'intérêt de 1 %.

$$\sum_{t=1}^{n} \frac{t.\,C_t}{(1+i)^t} = \frac{1 \times 100}{1,1} + \frac{2 \times 100}{(1,1)^2} + \dots + \frac{10 \times 1\,100}{(1,1)^{10}} = 6\,759$$

Le cours de l'obligation B est égal à :

$$B = \sum_{t=1}^{n} \frac{C_t}{(1+i)^t} = 1\,000$$

La duration est égale à 6 759 / 1 000 = 6,759 années et la sensibilité de 6,759 / 1,1 = 6,1445. Pour une hausse du taux d'intérêt de 1 %, la baisse du cours de l'obligation est approximativement (5) de 6,1445 %.

---

(5) La sensibilité et la duration ne donnent qu'une approximation qui est d'autant plus exacte que la variation du taux d'intérêt est faible.

■ § 3. – les modes de protection contre le risque de taux

Les entreprises disposent de plusieurs modes de protection contre le risque de taux. On peut distinguer les méthodes traditionnelles (protection contractuelle, adossement et immunisation) et celles qui font appel aux marchés financiers.

A. – les méthodes traditionnelles de gestion du risque de taux

La protection contre le risque de taux peut tout d'abord être assurée de façon contractuelle, en incluant des possibilités de remboursement anticipé des emprunts ou de renégociation des taux en cas d'évolution à la baisse des taux.

Une deuxième méthode traditionnelle de gestion du risque de taux est de procéder par *adossement* des emplois et des ressources. Par exemple, on fera correspondre à un endettement obligataire, des placements de même nature dont les flux permettront de compenser les sorties de trésorerie entraînées par l'emprunt. La variation de valeur encourue sur la position au passif à la suite d'une baisse des taux sera ainsi compensée par une variation de valeur équivalente sur la position à l'actif constituée par le placement.

Enfin, la protection contre le risque de taux peut également s'opérer par *immunisation*. Un placement est dit *immunisé* si le taux de rentabilité obtenu à la fin de l'horizon d'investissement est égal au taux actuariel attendu initialement. On montre qu'un placement est immunisé si sa duration est égale à l'horizon de placement de l'investisseur. Cette notion se transpose immédiatement au financement de façon symétrique.

B. – la gestion du risque de taux par recours au marché financier

Parmi les nombreux instruments financiers qui permettent de gérer le risque de taux, on peut distinguer les contrats à terme ferme cotés sur des marchés organisés comme le MATIF (Marché international de France créé à Paris en 1986), les contrats à terme ferme négociés sur les marchés de gré à gré et les contrats conditionnels.

1°). – Le principe de couverture du risque

Sur les marchés à terme d'actifs physiques, tels par exemple que le blé, l'acheteur d'un contrat à terme s'engage à acheter une certaine quantité de blé à un prix fixé à une date déterminée ; inversement, le vendeur du contrat prend l'engagement symétrique de vendre la même quantité de blé dans les mêmes conditions. On voit l'intérêt de tels contrats qui permettent à un producteur de blé de garantir son prix de vente et à un producteur de farine, son prix d'achat et de se protéger ainsi contre les fluctuations des cours du blé.

Le raisonnement se transpose directement aux actifs financiers, en substituant au blé, un *actif sous-jacent* constitué par exemple par une obligation. L'achat (la vente) d'un contrat à terme sur obligation implique l'engagement d'acheter (de vendre) l'obligation à un cours fixé et à une date déterminée. L'acheteur et le vendeur du contrat fixent alors simultanément le cours et le taux d'intérêt.

On remarquera que la fixation définitive du taux permise par l'utilisation des contrats à terme, c'est-à-dire la protection intégrale contre le risque de fluctuation n'est pas forcément pertinente. En se protégeant par exemple, contre une baisse des taux, l'entreprise perd en cas d'erreur d'anticipation, les gains permis par une hausse éventuelle. Les contrats conditionnels permettent de pallier ce type d'inconvénient lié à l'utilisation des contrats à terme.

Le principe de la couverture du risque de taux d'intérêt par utilisation de contrats à terme consiste à compenser les variations de valeur subies sur une position au comptant, par les variations de valeur d'une position à terme de sens contraire, constituée de contrats à terme. Ainsi, l'endettement représentant une position comptant au passif, une baisse de taux entraîne une perte pour l'entreprise, la valeur actualisée de la dette augmentant. Cette perte peut être éliminée en constituant une position à terme symétrique à l'actif, par achat de contrats à terme qui s'apprécient si les taux baissent. La plus-value réalisée sur les contrats à terme compense le coût supérieur de la dette en termes de taux d'intérêt.

Les modalités de protection par utilisation des contrats à terme sont résumées dans le tableau 1.3.

tableau 1.3

**nature des opérations sur contrats à terme ferme
en fonction de l'origine du risque de taux et des anticipations**

Anticipation	Actif Placements ou créances à taux fixe		Passif Dettes à taux fixe	
	Actuels	Prévus	Actuelles	Prévues
Baisse des taux	Pas de protection	Achat de contrats	Achat de contrats	Pas de protection
Hausse des taux	Vente de contrats	Pas de protection	Pas de protection	Vente de contrats

encadré 1.5

exemple de protection contre le risque de taux d'intérêt par utilisation de contrats à terme

L'entreprise Hirigoyen projette d'emprunter dans trois mois, 100 MF sur le marché obligataire pour une durée de dix ans ; les obligations seraient remboursables *in fine*. Le taux d'intérêt est actuellement de 10 %. Craignant une hausse, l'entreprise se couvre sur le MATIF en vendant des contrats. Le montant du contrat étant de 500 000 F, elle vend 200 contrats ; le cours du contrat est de 100. Trois mois plus tard, une hausse des taux de 2 % s'étant réalisée, le cours du contrat MATIF n'est plus que de 88,7 et l'entreprise annule sa position en rachetant ses contrats.

L'opération de couverture permet de réaliser un gain sur les contrats à terme de :

$$500 \text{ KF} \times 200 \times (100 \% - 88,7 \%) = 11\ 300 \text{ KF}$$

Ce gain compense exactement le supplément de coût lié à la hausse du taux d'intérêt. Pour évaluer ce dernier, il suffit d'évaluer la valeur actualisée au taux de 12 % (= 10 % + 2 %) du supplément de frais financiers entraîné par la hausse du taux, soit 2 000 KF par an.

$$\text{VA supplément d'intérêt} = \sum_{t=1}^{10} \frac{2\ 000}{(1,12)^t} = 11\ 300 \text{ KF}$$

2°). — Les contrats à terme ferme cotés sur les marchés organisés

Sur les marchés organisés les contrats sont standardisés et il existe un organisme de centralisation qui s'interpose entre les différents intervenants et garantit le bon déroulement des transactions. Les contrats y sont négociables et la liquidité y est assurée. Cette caractéristique est particulièrement importante ; la plupart du temps, les utilisateurs de ces marchés, soit parce qu'ils révisent leurs anticipations, soit parce qu'ils désirent ajuster l'horizon de couverture, souhaitent annuler leur position avant l'échéance initialement prévue. Il leur faut alors revendre les contrats acquis pour les acheteurs et inversement pour les vendeurs.

Comme sur le marché obligataire, les obligations présentent des caractéristiques différentes, l'actif sous-jacent au contrat n'est pas homogène, on a recours à un contrat standard portant sur un emprunt obligataire théorique, dit *emprunt notionnel*. Sur le MATIF, les caractéristiques du notionnel sont les suivantes ; il s'agit d'un emprunt d'État, de valeur nominale 500 000 F, de taux nominal 10 % et de durée comprise entre sept et dix ans. Les échéances sont trimestrielles : mars, juin, septembre et décembre.

Compte tenu du caractère standardisé des contrats, la protection contre le risque de taux est le plus souvent imparfaite pour deux raisons principales. Premièrement, la standardisation des échéances ne permet pas un ajustement parfait de la couverture. Deuxièmement, les fluctuations des valeurs des actifs à couvrir ne sont pas parfaitement corrélées avec celles des contrats à terme. Cette dernière raison justifie l'existence de plusieurs types de contrats (à court, moyen et long terme) sur le MATIF.

3º). — Les contrats à terme ferme négociés sur les marchés de gré à gré

Contrairement aux contrats à terme cotés sur le MATIF par exemple, ces contrats sont négociés de gré à gré sur le marché interbancaire. Ce type de contrat permet une couverture plus efficace du risque mais il comporte des inconvénients liés au risque de contrepartie entraîné par l'absence d'un organisme de compensation. On peut distinguer, le *terme à terme*, le *forward rate agreement* (FRA) et le *swap de taux d'intérêt*.

a) Le terme à terme

Le *terme à terme* ou *forward-forward* résulte d'un accord entre une entreprise et une banque ayant pour but de fixer par avance le taux d'intérêt d'un placement ou d'un emprunt. Contrairement aux techniques de FRA et de swap, l'opération de couverture n'est pas séparée des opérations de prêt ou d'emprunt.

---

encadré 1.6

exemple d'opération de terme à terme

L'entreprise Portait souhaite contracter un emprunt de 10 MF dans trois mois pour une durée de trois mois. Elle anticipe une hausse des taux contre laquelle elle souhaite se couvrir. La banque va lui permettre de garantir le taux de cet emprunt en empruntant immédiatement la somme demandée sur six mois et en effectuant un prêt de trois mois. Le taux de l'emprunt sur six mois pour la banque est de 10 % et le taux du prêt sur trois mois est de 9,5 %. Évaluons R le taux qu'elle pourra offrir à l'entreprise, avant prise en compte d'une marge :

$$(1 + 9{,}5\ \% \times 3/12)\,(1 + R \times 3/12) = (1 + 10\ \% \times 6/12)\ \text{d'où}\ R = 10{,}256\ \%$$

---

b) Le forward rate agreement

Le contrat FRA permet de garantir le taux d'intérêt en dissociant l'opération de couverture du risque, de l'opération de prêt ou d'emprunt. L'acheteur du contrat est supposé être emprunteur au taux du contrat et le vendeur, prêteur.

Par exemple, une entreprise anticipant une hausse des taux désire garantir le taux d'un emprunt futur à 10 %. Elle passe un contrat avec une banque selon lequel, si le taux du marché devient supérieur au taux fixé, la banque reversera la différence d'intérêts à l'entreprise. Inversement, si le taux du marché est inférieur au taux fixé, le reversement de la différence incombera à l'entreprise. Les mouvements de fonds ne portent que sur la différence d'intérêt et ils ont lieu au début de la période de garantie.

c) Le swap de taux d'intérêt

Un *swap de taux* est une transaction qui s'effectue entre deux agents économiques, le plus souvent des banques et qui consiste à échanger une dette à taux fixe contre une dette à taux variable pour un montant nominal donné. Une entreprise endettée à taux fixe peut ainsi convertir son endettement en l'indexant sur le taux variable de façon à bénéficier d'une baisse des taux.

L'échange porte sur le montant des charges financières liées à l'endettement ; il peut porter sur le seul différentiel de taux. La durée des swaps est comprise le plus souvent entre un et dix ans. Les swaps sont des opérations hors-bilan. Ils comportent des risques dans la mesure où la contrepartie peut ne pas honorer ses engagements.

4o). — Les contrats à terme conditionnels

La gestion du risque de taux d'intérêt peut se faire de façon plus souple qu'avec les contrats à terme ferme au moyen d'options. L'avantage des contrats optionnels par rapport aux contrats à terme ferme est qu'ils permettent de se couvrir contre le risque tout en profitant éventuellement d'une évolution favorable des taux. Les contrats d'options portent sur des emprunts (options de taux d'intérêt), sur des FRA, sur des swaps ou sur des contrats à terme. Ils peuvent être conclus de gré à gré ou sur des marchés organisés comme les options sur le contrat notionnel offertes sur le MATIF.

Les *caps* et les *floors* constituent des contrats négociés de gré à gré de type conditionnel. Le cap est un contrat établi entre deux parties pour une durée déterminée. Il mentionne un taux fixe et un montant qui servent de référence pour évaluer les sommes à verser. A la fin de chaque mois, si le taux du marché est supérieur au taux fixe de référence, l'acheteur du cap reçoit une somme fonction de la différence de taux. Inversement, si le taux du marché est inférieur au taux fixe, il n'y a aucun versement. L'achat d'un cap permet ainsi de garantir un taux maximum d'emprunt. Le floor participe de l'optique inverse ; l'acheteur reçoit un versement si le taux du marché est inférieur au taux fixe. Il permet de garantir une rémunération minimale. Enfin, le *collar* ou *tunnel* est un contrat qui permet à son acheteur de se garantir une zone de taux d'intérêt, située entre un taux maximum et un taux minimum.

section IV
le plan de financement

Le *plan de financement* permet d'apprécier les incidences monétaires des décisions d'investissement et de financement de long terme.

■ § 1. — les différentes utilisations du plan de financement

Le plan de financement constitue un outil essentiel pour remplir deux fonctions : 1) assurer la cohérence et contrôler la mise en oeuvre de la stratégie ; 2) négocier les financements externes.

A. — Un outil pour assurer la cohérence et contrôler la mise en œuvre de la stratégie

Une des phases essentielles du processus de formulation stratégique réside dans l'évaluation des stratégies et plus particulièrement dans l'étude de leur cohérence interne. Le plan de financement permet d'apprécier la cohérence financière de la stratégie et sa conformité avec les objectifs définis en termes de risque.

Une stratégie n'est viable que si elle aboutit à un plan de financement réalisable, où les ressources prévisionnelles sont à même de couvrir les emplois prévisionnels. Un premier critère de cohérence interne consiste donc à s'assurer que l'entreprise peut trouver les moyens de financer sa politique d'investissements. Il faut également évaluer la solidité de la couverture.

Cette dernière est toujours aléatoire et son diagnostic dépend fondamentalement de deux critères, la *prévisibilité* et la *flexibilité* des différents emplois et ressources. La prévisibilité est liée à la variabilité des emplois et ressources, fonction de facteurs externes non contrôlés par l'entreprise. La flexibilité s'apprécie par les moyens dont dispose l'entreprise pour moduler les emplois et les ressources.

Le plan de financement permet ainsi d'évaluer le degré de risque de la stratégie proposée et le niveau de flexibilité en cas de conjoncture défavorable.

B. – un outil de négociation auprès des apporteurs de fonds

La présentation d'un plan de financement permet de justifier l'utilisation des fonds demandés. Les actionnaires peuvent ainsi s'informer sur la rentabilité attendue du programme d'investissements et sur le risque qu'ils encourent. Par ailleurs, la présentation d'un plan de financement est une condition imposée par les établissements financiers avant d'accorder leur concours. Le plan permet notamment d'évaluer le risque de non-remboursement du prêt et de s'assurer de la nature des investissements que les prêts sont censés financer.

§ 2. – la forme du plan de financement

Le plan de financement représente un tableau de financement construit à partir des flux prévisionnels. Le plus souvent, sa structure s'inspire de la conception fonctionnelle (FDR, BFDR, trésorerie) et se boucle sur la trésorerie.

Le plan est normalement équilibré après mise en place des financements stables, si le besoin à financer évalué par la trésorerie finale est nulle. Il est cependant, souhaitable de prévoir un excédent pour pouvoir faire face aux aléas.

tableau 1.4

plan de financement

Années	N	N + 1	N + 2
Variation du FDR fonctionnel	**200**	**50**	**80**
Emplois	1 250	550	570
Investissements hors taxes	1 000	250	250
Remboursements	200	220	240
Dividendes	50	80	80
Ressources	1 450	600	650
CAF	300	450	500
Cessions d'actifs	100		
Augmentations de capital	300		
Emprunts à long et moyen terme	700	150	150
Subventions d'investissement	50		
Variation du BFDR global	**380**	**70**	**40**

• Variation du BFDR d'exploitation	400	100	80
• Variation du BFDR hors-exploitation	− 20	− 30	− 40
Variation de la trésorerie	**− 180**	**− 20**	**40**
Trésorerie initiale	**− 200**	**− 380**	**− 400**
Trésorerie finale = besoin à financer par concours bancaires courants	**− 380**	**− 400**	**− 360**

Remarques :
- La trésorerie finale est égale à la trésorerie initiale plus la variation de trésorerie.
- Les chiffres sont purement fictifs.

En pratique, comme le FDR fonctionnel ne couvre généralement pas le BFDR, le besoin à financer après mise en place des financements stables, reste le plus souvent relativement important, ce qui se traduit par une trésorerie négative. L'équilibre du plan de financement doit alors être assuré par la mise en place de concours bancaires courants.

■ § 3. − la construction du plan de financement

Avant de présenter les détails de la démarche de construction du plan de financement, il convient de préciser que le recours aux tableurs représente une aide appréciable notamment pour effectuer des simulations.

A. − les deux étapes

La construction du plan de financement se réalise en deux étapes :
- la première étape consiste à déterminer les besoins à financer afin d'évaluer le montant des financements externes nécessaires. Le plan obtenu est déséquilibré. Les ressources ne couvrent pas les emplois ;
- la seconde étape consiste à définir et à intégrer les financements permettant d'équilibrer le plan de financement. La prise en compte des nouveaux financements a plusieurs incidences. Ils créent de nouvelles ressources, mais ils ont également une incidence sur les emplois (accroissement des remboursements, des dividendes) et sur le montant de certaines autres ressources, puisque les frais financiers entraînés par les nouvelles dettes vont amputer la capacité d'autofinancement.

La construction du plan de financement doit prendre en compte les contraintes imposées par les apporteurs de fonds. Ces dernières adoptent des formes diverses : distribution minimale pour les actionnaires, couverture des remboursements et ratios de structure financière pour les prêteurs.

B. – l'évaluation des différentes rubriques

1º). – L'évaluation des emplois

La construction du plan de financement doit se faire en *francs courants* ; autrement dit, en tenant compte de l'inflation prévue. Les emplois principaux sont constitués des investissements, de la variation du BFDR d'exploitation, des remboursements d'emprunts et des dividendes.

1) **Les investissements :** leur évaluation doit se faire à partir du montant hors taxes.

2) **La variation du BFDR d'exploitation.**

La variation du BFDR d'exploitation s'évalue le plus souvent en appliquant la *méthode normative* de détermination du BFDR d'exploitation. Cette méthode consiste à évaluer le montant du BFDR d'exploitation, en fonction de la structure du compte de résultat et des ratios de rotation représentant les différentes composantes du BFDR, considérés comme souhaitables. Dans une perspective prévisionnelle, les normes retenues constituent des objectifs de gestion. L'évaluation se fait le plus souvent en estimant le BFDR d'exploitation en jours de chiffre d'affaires hors taxes.

L'évaluation normative se déroule en trois étapes :

Étape 1 : estimation des délais de rotation normaux pour chaque composante du BFDR d'exploitation ; les délais sont exprimés en unités spécifiques à chaque composante, par exemple, le jour de CA TTC pour les ventes réalisées en France.

Étape 2 : estimation des *coefficients de pondération* qui permettent de convertir les délais de rotation obtenus lors de la première étape, en une unité commune, le jour de CAHT. Ces coefficients représentent la structure souhaitable du compte de résultat.

Étape 3 : estimation des délais de rotation des composantes en une unité commune, le jour de CAHT. La somme des différents délais permet de déterminer le BFDR d'exploitation en jours de CAHT.

L'évaluation de la variation du BFDR d'exploitation se fait en fonction du niveau probable d'activité prévu pour les différentes années du plan. En cas de modifications attendues de la structure du compte de résultat ou des délais de rotation des composantes du BFDR d'exploitation, il est nécessaire de corriger le BFDR normatif.

encadré 1.7

évaluation du BFDR normatif

L'entreprise Colasse a actuellement un BFDR de 1 000, représentant 90 jours de son CAHT, qui est de 4 000. Elle souhaite évaluer la variation de son BFDR d'exploitation sur les trois années à venir en fonction d'une croissance annuelle de l'activité de 10 % et des caractéristiques de son cycle d'exploitation.

Le stock de marchandises représente 30 jours de coût d'achat des marchandises vendues ; le stock de matières 30 jours de consommations, le stock d'encours 15 jours de coût des encours et le stock de produits finis 15 jours de coût de revient. Le crédit client est en moyenne de 90 jours de CA TTC et le crédit fournisseur de 90 jours d'achats et de charges externes TTC. Les salaires nets sont réglés le 30 du mois et les charges sociales (salariales et patronales) le 10 du mois suivant.

Les éléments concernant la structure du compte de résultat par rapport au CAHT sont les suivants. Le CAMV représente 70 %, les consommations matières 30 %, le coût des encours 50 % et le coût de revient 80 %. Les achats et autres charges externes sont de 35 % et les charges de personnel de 40 % du CAHT, dont 24 % pour les salaires nets et 16 % pour les charges sociales. Le taux de TVA est de 18,6 % tant pour les ventes que pour les achats et charges externes ; elle est payée le 25 du mois et les ventes et les achats sont répartis régulièrement sur le mois.

tableau 1.5

un exemple d'évaluation normative du BFDR d'exploitation

POSTES	Délais unités spécifiques	Unités spécifiques jours de...	Coefficients de pondération	Délais (jours de CAHT)
EMPLOIS				
Stocks marchandises	30	CAMV	0,700	21,0
Stocks matières vendues		Consommation		
premières	30	matières	0,300	9,0
Stocks de produits finis	15	Coût de revient	0,800	12,0
Stocks d'encours	15	Coût des encours	0,500	7,5
Clients France (1)	90	CA TTC	1,186	106,7
TVA déductible (2)	40	TVA sur charges déductibles	0,065	2,6
Total				**158,8**

RESSOURCES		Achats et		
Fournisseurs (3)	90	ch. externes TTC	0,415	37,4
Salaires (4)	15	Salaires nets	0,240	3,6
Charges sociales (5)	25	Charges sociales	0,160	4,0
TVA collectée (6)	40	TVA sur ventes	0,186	7,4
Total				**52,4**
			BFDR Expl.	**106,4**

Remarques :
1) Le coefficient de pondération pour les clients est égal à 1 + le taux de TVA, soit 1,186.
2) Le délai pour la TVA déductible et pour la TVA collectée est de 15 + 25 = 40 jours, les achats et les ventes étant faits en moyenne le 15 du mois. Le coefficient pour la TVA collectée est de $0,35 \times 0,186 = 0,065$, le taux ne s'appliquant qu'aux achats et charges externes.
3) Le coefficient de pondération pour les fournisseurs est égal à $0,415 = 0,35 \times 1,186$; il faut tenir compte de la TVA, les jours étant des jours d'achats et de charges externes TTC.
4) Les salaires étant payés le 30, la ressource moyenne est de 15 jours.
5) Les charges sociales étant payées le 10, la ressource moyenne est de 15 + 10 = 25 jours.
6) Le coefficient pour la TVA collectée est de 18,6 %.

Le montant monétaire du BFDR d'exploitation s'obtient à partir du CAHT prévu pour les trois prochaines années, soit 4 400, 4 840 et 5 324. Le BFDR prévu pour la première année est de :
BFDR normatif = (CAHT × nombre de jours)/360 =
$$(4\ 400 \times 106,4) / 360 = 1\ 300$$
soit une variation de BFDR de 300 par rapport au niveau initial de 1 000. Pour les années suivantes, le BFDR serait de 1 430 et 1 574 et les variations successives de 130 et 144.

3) **L'évaluation des remboursements d'emprunt** se fait dans la première étape à partir des échéanciers des anciens emprunts. Dans la seconde étape, il suffit de corriger ces montants des remboursements entraînés par les dettes stables nouvellement contractées.

4) **L'évaluation des dividendes** dépend de la politique poursuivie par l'entreprise en matière de distribution, donc des attentes de sa clientèle d'actionnaires. Il faudra prendre en compte éventuellement le supplément de dividendes lié à une augmentation de capital.

2°). — L'évaluation des ressources

1) **La capacité d'autofinancement** : la prévision de la CAF se fait sur la base de comptes de résultat prévisionnels ; on l'obtient

à partir de l'EBE prévisionnel en y ajoutant les produits financiers et en soustrayant les frais financiers et l'impôt sur les résultats. La détermination prévisionnelle de l'impôt dépend en grande partie des dotations aux amortissements qui seront pratiquées sur les immobilisations et des frais financiers liés au financement par dette.

Si de nouvelles dettes financières (à long ou à court terme) sont contractées pour assurer l'équilibre du plan, la CAF devra être évaluée en tenant compte des incidences de ces dettes sur les frais financiers et sur l'impôt sur les résultats. Le calcul s'effectue alors de façon itérative, car il faut prendre en compte le besoin de financement ainsi créé.

2) **Les cessions** doivent être prises en compte pour leur montant probable de réalisation.

3) **Les augmentations de capital** doivent être retenues pour le montant des fonds effectivement libérés et après déduction des frais d'émission.

4) **Les emprunts obligataires** sont à considérer pour le montant des fonds réellement collectés, c'est-à-dire pour le prix d'émission après déduction des frais d'émission.

5) **La variation du BFDR hors-exploitation** constitue le plus souvent une ressource nette. Une composante souvent importante de cette ressource est constituée par la variation des postes relatifs au paiement de l'impôt sur les résultats qu'il convient d'évaluer en fonction du système des acomptes.

6) **L'incidence des concours bancaires de trésorerie.** Le plan de financement se bouclant sur la variation de trésorerie, les concours bancaires n'apparaissent pas explicitement dans le plan, sauf à inscrire leur montant global en dessous du cumul final. Il faut cependant les prendre en compte pour évaluer les frais financiers à venir et la CAF.

---

résumé

1) Les fonds propres d'origine externe proviennent soit d'augmentations de capital en numéraire, soit de subventions.

2) L'augmentation de capital en numéraire constitue une vente d'actions soumise à une réglementation contraignante. Le droit préférentiel de souscription permet de protéger les anciens actionnaires. L'émission de nouvelles actions entraîne une dilution du contrôle et du bénéfice par action.

3) L'introduction en bourse comporte plusieurs avantages (financement facilité, valorisation continue...) mais également des inconvénients (coût, risque de modification du contrôle...). Les conditions d'introduction varient selon le marché. Le capital-risque et le personnel peuvent contribuer à apporter des fonds propres.

4) Les raisons qui justifient les politiques d'autofinancement et de dividendes sont liées aux imperfections du marché financier et aux conflits d'intérêt entre actionnaires et dirigeants. Le coût de l'auto-financement est égal au CMP. L'augmentation de capital par incorporation de réserves n'apporte pas de fonds nouveaux.

5) Le financement par dettes à long et moyen terme se fait par la voie bancaire, par crédit-bail ou par emprunt obligataire. Les prêts à long terme sont principalement distribués par les établissements financiers. Le crédit-bail est soit mobilier, soit immobilier ; il est surtout utilisé par les PME.

6) Les emprunts obligataires sont quasiment réservés aux grandes entreprises cotées ; ils sont soumis à une réglementation assez stricte. De nombreuses formes d'emprunts coexistent : à taux fixe, à taux variables, convertibles en actions...

7) Les fluctuations des taux d'intérêt entraînant des variations de valeur des actifs et des passifs, une entreprise est en risque de taux si la valeur de ses fonds propres diminue. Le risque de taux peut se mesurer à partir des notions de sensibilité et de duration. Il se couvre soit à partir des méthodes traditionnelles (contrats, adossement, immunisation...) soit en recourant au marché financier (contrats à terme ferme, contrats conditionnels sur les marchés organisés ou de gré à gré...).

8) Le plan de financement permet d'assurer la cohérence et de contrôler la mise en œuvre de la stratégie et de négocier les financements externes. Il s'agit d'un tableau de financement prévisionnel. La variation du BFDR d'exploitation peut s'estimer à partir de la méthode normative.

chapitre 2

la gestion
financière
à court terme

Les décisions financières majeures sont prises dans le cadre de la gestion financière à long terme. Elles sont le plus souvent irréversibles. Les décisions financières de court terme sont subordonnées aux décisions de long terme qui fixent le cadre général du développement de l'entreprise ; elles apparaissent comme des décisions courantes d'ajustement. Ce caractère de subordination ne signifie pas pour autant que ces décisions soient à négliger. Une erreur dans une décision de court terme peut entraîner des pertes élevées, voire la cessation de paiement. La défaillance d'un client important peut conduire au dépôt de bilan. Le choix d'un placement peu judicieux peut entraîner soit une perte, soit un manque à gagner, qui affecteront la rentabilité.

La gestion financière à court terme comprend d'une part, la gestion des actifs circulants et d'autre part, le choix des concours bancaires de trésorerie. Cette gestion s'accompagne d'une planification financière à court terme qui s'exerce simultanément sur deux horizons, un horizon annuel qui permet d'apprécier globalement si l'équilibre financier peut être réalisé grâce aux possibilités de financement à court terme et un horizon infra annuel, nécessaire à la réalisation d'une gestion efficace de la trésorerie au jour le jour.

section I
la gestion des actifs circulants

On considère souvent que le BFDR d'exploitation est entièrement déterminé par les caractéristiques du secteur où se situe l'entreprise. Or, bien que les habitudes sectorielles et les usages professionnels jouent un rôle important, les différentes composantes du BFDR restent soumises à un calcul économique comme en témoigne la dispersion des ratios de rotation à l'intérieur d'un même secteur.

Les stocks, l'encours client constituent des investissements. Les fonds ainsi immobilisés ont un coût et doivent être rentabilisés. Symétriquement, le crédit fournisseur représente une ressource qui n'est pas gratuite.

■ § 1. – la gestion des stocks

A. – les motifs de détention des stocks

Les entreprises de production détiennent le plus souvent, trois types de stocks : matières premières et matières consommables, produits semi-finis et encours, produits finis. La détention de ces stocks s'explique par les motifs suivants :

1) *minimiser le coût des commandes* (frais administratifs, frais de transport, remise des fournisseurs). Le nombre des commandes étant inversement proportionnel au niveau du stock, moins le nombre de commandes est élevé, plus le coût est faible. Le plus souvent, une commande importante s'accompagne de conditions préférentielles de la part des fournisseurs. Le motif ainsi invoqué représente le *motif de transaction* ;

2) *éviter la rupture du processus de fabrication* ; un stock inexistant ou insuffisant peut entraîner un arrêt de la fabrication ou une productivité inférieure. Le *motif de précaution* conduit à maintenir un niveau minimum de stock. Le gain d'opportunité lié à l'absence de rupture est d'autant plus élevé que le coût d'un approvisionnement « à chaud » est important ;

3) *se prémunir contre une évolution défavorable du prix de la matière* ; certaines matières connaissent des fluctuations de prix importantes. Si on anticipe une hausse, il est souhaitable de constituer un *stock de spéculation* ;

4) *minimiser les coûts de production*. La détention du stock de produits finis résulte des décalages entre la production et la vente. La minimisation des coûts de production suppose le plus souvent une production régulière qui permet une utilisation optimale des machines et une meilleure gestion du personnel. Le stock de produits finis permet de dissocier le processus de production, du niveau des ventes et d'éviter ainsi les coûts de sous-activité ou de sur-activité souvent rencontrés dans les activités saisonnières. Le motif invoqué est alors celui de *rationalisation de la production*.

B. – la constitution d'un stock : une décision d'investissement particulière

Le stock comprend deux composantes : une composante incompressible liée à des impératifs techniques et une composante marginale, fonction des choix particuliers de l'entreprise en matière de processus de production et de risque. La composante incompressible est incluse dans l'évaluation de la rentabilité de l'investissement global ; seule la détermination du niveau de la composante marginale fait l'objet d'une décision d'investissement spécifique fondée sur les paramètres traditionnels du calcul de rentabilité des investissements. L'évaluation de la rentabilité doit tenir compte éventuellement des investissements immobiliers nécessaires au stockage, par exemple les entrepôts ainsi que des frais induits (entretien, gardiennage...).

■■■ § 2. — la gestion du crédit client

La rentabilité d'un investissement s'évalue en fonction des flux de liquidités, ce qui suppose que les ventes faites ont été suivies d'encaissement. Le risque de non-recouvrement des créances apparaît très important dans certains secteurs et compromet parfois l'existence même des entreprises.

Cependant, les usages commerciaux font souvent du crédit accordé aux clients un argument important de la vente. Il constitue une décision d'investissement, car il conduit à immobiliser des liquidités en vue de dégager un supplément de rentabilité. L'entreprise peut agir sur la rentabilité de cet investissement en gérant le risque et en minimisant les sommes immobilisées.

A. – la décision d'investissement en crédit client

La rentabilité d'un accroissement du crédit client s'évalue de façon différentielle. Par exemple, on déterminera les conséquences d'un passage du crédit client de 60 jours à 90 jours d'une part, en termes d'investissement supplémentaire en BFDR d'exploitation et d'autre part, relativement au supplément de flux que cette nouvelle politique procure. Le taux d'actualisation est le coût d'opportunité du capital de cet investissement qui doit prendre en compte le risque.

---

encadré 2.1

la rentabilité de l'investissement en crédit client

L'entreprise Vailhen s'interroge sur l'opportunité d'accroître le délai de crédit client de 60 à 90 jours. Le CA actuel est de 6 000. Elle attend de cette décision un flux de ventes supplémentaires de 10 %. La marge sur coûts variables est de 50 % et le taux des impayés négligeable jusqu'à présent passerait à 10 % du CA supplémentaire. Le taux de l'impôt est de 40 %. La durée de vie du produit serait de 5 ans. Compte tenu du risque lié à cette décision, le taux d'actualisation est de 10 %.

Le crédit client actuel est de : 6 000 x (60 / 360) = 1 000. Compte tenu du niveau prévu du CA de 6 000 x 1,1 = 6 600, le crédit client corrigé pour un délai de 90 jours sera de 6 600 x (90 / 360) = 1 650. L'investissement est donc de 1 650 - 1 000 = 650.

Cet investissement permet de sécréter pendant cinq ans un flux de ventes supplémentaires de 600 ; le montant annuel des impayés est de 60. Le flux annuel à actualiser est égal à la marge sur coûts variables après impôt et impayés, soit [(600 x 50 %) - 60] x 60 % = 144. En fin de 5e année, il faut tenir compte de la récupération des créances clients non encaissées de 650 (les impayés ayant été imputés sur le flux annuel).

$$\text{VAN} = \sum_{t=1}^{5} \frac{144}{(1,1)^t} + \frac{650}{(1,1)^5} - 650 = 299,5$$

La VAN à 10 % étant positive, la décision d'allonger le crédit client doit être adoptée.

B. – la gestion du crédit client

La gestion du crédit client à l'intérieur du cadre défini par les conditions commerciales (conditions de paiement) consiste à prendre les mesures permettant de minimiser le montant de l'encours et les coûts liés au paiement et de limiter le risque de non-recouvrement.

1°). — La minimisation de l'encours client et la gestion du *float*

La gestion administrative doit être organisée de façon à éviter les glissements entre l'encours théorique qui résulte des conditions de vente pratiquées et l'encours réel. Il s'agit en fait de minimiser le délai qui se produit entre le moment de la livraison et la date effective de paiement. Plusieurs opérations qui peuvent varier selon les modalités de paiement retenues, interviennent entre ces deux dates : la facturation, l'instruction de règlement donnée par le client à sa banque, les transferts entre banques et l'inscription du règlement au compte du vendeur. Selon la rapidité de la facturation, les modalités de règlement retenues et l'efficacité de la politique de recouvrement, les délais peuvent fluctuer sensiblement.

Le délai qui s'écoule entre la date de l'instruction de règlement donnée par le client et l'inscription au compte du vendeur constitue le *float*. Il est fonction d'éléments matériels et administratifs tels que les délais postaux, mais également de facteurs tenant à la pratique bancaire, tels que les *jours de valeur*.

La *date de valeur* est la date retenue par le banquier pour mouvementer le compte de l'entreprise afin de calculer les intérêts débiteurs ; on oppose ainsi les dates de valeurs, aux *dates d'opération*, qui sont les dates d'enregistrement comptable des mêmes opérations dans les livres de la banque. Le plus souvent, la date de valeur d'un mouvement débiteur est postérieure à la date d'opération comptable et inversement, celle d'un mouvement créditeur est antérieure à la date d'opération comptable. Les dates appliquées sont habituellement normalisées en fonction du type d'opération, mais sont pour la plupart négociables.

Les dates de valeur normalement pratiquées par le système bancaire pour les principaux modes de paiement, vues du point de vue du fournisseur (mouvements créditeurs) et du client (mouvements débiteurs) sont les suivantes :

tableau 2.1

les dates de valeur appliquées aux principaux modes de règlement

Type d'opérations	Conditions standards
Mouvements créditeurs Versements d'espèces Remise de chèque sur caisse Remise de chèque sur place Remise de chèque hors place Virement reçu Effet à l'encaissement	Date d'opération + 1 jour calendaire Date d'opération + 1 jour ouvré Date d'opération + 2 jours ouvrés Date d'opération + 5 jours ouvrés Date de réception + 1 jour calendaire Date d'échéance + 4 jours calendaires (si remise moins de 6 jours avant l'échéance sinon date de remise + 10 jours)
Mouvements débiteurs Retrait d'espèces Virement émis Chèque émis Effets domiciliés Retour d'effets impayés	Date d'opération − 1 jour calendaire Date d'opération − 1 jour calendaire Date de compensation − 2 jours calendaires Veille de présentation de l'effet Veille de l'échéance

Les *chambres de compensation* des banques ont pour objet de faciliter par le mécanisme de la compensation, le règlement des dettes et des créances qu'elles détiennent les unes sur les autres. La compensation aboutit à la détermination finale d'un solde débiteur ou créditeur représentant la position d'une banque relativement aux autres banques. La notion de *place* s'apprécie en fonction du rattachement à une chambre de compensation donnée.

Le décompte des jours se fait soit en *jours calendaires* (jours de calendrier), soit en *jours ouvrés*, qui sont les jours au cours desquels les banques sont ouvertes. L'*heure de caisse* détermine la limite du jour bancaire. Les remises ou les instructions qui interviennent après l'heure de caisse ne seront prises en considération que le lendemain. L'heure de caisse est le plus souvent fixée à midi.

Selon le mode de paiement utilisé, les conséquences peuvent être fort diverses. Ainsi, supposons qu'un client habitant une place différente règle un fournisseur par chèque. Il envoie le chèque par voie postale le vendredi. Le fournisseur le reçoit le lundi. Après enregistrement comptable, le chèque est déposé à la banque le mercredi après-midi après l'heure de caisse. Il sera donc compensé et considéré comme ayant été remis le jeudi. Compte tenu des cinq jours ouvrés retenus pour un chèque hors place, il ne sera crédité au compte du fournisseur que sept jours plus tard, soit le jeudi. Entre la date d'envoi et la date de crédit, il se sera écoulé douze jours, pendant lesquels le fournisseur aura payé des intérêts sur un montant équivalent à celui du chèque. On réalise que le choix du mode de paiement n'est pas neutre et que le fournisseur aura tout intérêt à choisir la forme de paiement qui minimise le *float*.

2º). — La minimisation du risque

Une entreprise dispose de plusieurs moyens pour lutter contre le risque de non-recouvrement, qui peuvent être soit des mesures de prévention, soit des mesures *a posteriori* de contrôle et de contentieux.

a) Les mesures de prévention

1) *La sélection des clients :* sur la base de différents critères et informations, il est possible de procéder à une sélection des clients afin d'éviter les mauvais payeurs. Des informations peuvent être notamment trouvées auprès des registres du commerce, des protêts, des nantissements et des privilèges, des services de la conservation des hypothèques, des banques et de certaines sociétés spécialisées (SCRL, Dun & Bradstreet, SNRC...). Dans tous les cas, le coût de recherche de l'information doit être proportionné au risque encouru.

2) *La détermination de plafonds de crédit* qui s'effectue en fonction de l'importance des transactions et de la qualité du client.

3) *La demande d'arrhes, d'avances ou d'acomptes.*

4) *Le recours à la clause de réserve de propriété,* qui permet de suspendre le transfert de propriété jusqu'au paiement intégral du prix stipulé ; elle est opposable aux autres créanciers en cas de redressement judiciaire ou de liquidation de biens.

5) *Les garanties cambiaires* ; en cas de paiement par lettre de change et si celle-ci est acceptée, le vendeur bénéficie des garanties cambiaires.

6) *L'assurance du risque client* : permet d'assurer le risque de non-recouvrement auprès de sociétés d'assurance crédit (SFAC, Assurances de Namur...).

7) *L'affacturage ou factoring* : il s'agit d'une technique permettant de transférer les créances commerciales à un *facteur*, qui se charge du recouvrement et en garantit la bonne fin. Sa rémunération comprend deux éléments : le coût du recouvrement et la commission de financement qui correspond au coût du crédit. L'avantage pour le vendeur est double ; d'une part, il finance ainsi son crédit client et d'autre part, il se décharge de la gestion administrative d'une partie de l'encours client et se garantit contre le risque. Le facteur cependant ne prend pas en charge l'ensemble des risques et le coût de l'affacturage peut parfois être prohibitif.

b) Les mesures de contrôle et de contentieux

Le contrôle de l'évolution du risque peut se faire à partir de différents indicateurs :

1) *la position par rapport au plafond de crédit ;*

2) *le ratio de rotation du crédit client* évalué pour chaque compte ;

3) *le tableau d'âge des créances :* on peut construire pour chaque client un tableau permettant d'analyser la structure de son encours de crédit en fonction de l'âge des différentes créances (30 jours, 60 jours,...).

Enfin, la politique de recouvrement constitue la dernière phase de la gestion du crédit client. Elle se fait en fonction de plusieurs impératifs : efficacité du recouvrement, coût et maintien de bonnes relations avec la clientèle. Elle comprend le plus souvent trois étapes : relance courante, précontentieux et contentieux. La première étape est constituée d'une procédure automatisée de relance qui s'adresse à un ensemble de clients. La seconde étape comprend des mesures personnalisées, notamment des contacts téléphoniques. Enfin, la dernière étape est constituée d'actions en justice.

section II

les principales sources de financement à court terme

Les financements obtenus par *mobilisation de créances* s'opposent aux financements obtenus sous forme de *crédits de trésorerie*. Ces deux types de financement passent par la voie bancaire. Les grandes sociétés peuvent également se financer à court terme en faisant appel au marché financier en émettant des *billets de trésorerie* dont le montant unitaire minimal est de 1 MF.

■ § 1. – les financements par mobilisation de créances commerciales

L'obtention de crédits par mobilisation de créances constitue la principale source de financement des besoins d'exploitation. Longtemps limitée au seul escompte des effets de commerce, la mobilisation des créances peut revêtir à présent d'autres formes : *Crédit de mobilisation de créances commerciales (CMCC), cession de créances professionnelles* (crédit Dailly). Ces formes sont apparues pour tenter de limiter les coûts liés à l'utilisation de l'escompte qui sont relativement élevés. Il faut également mentionner pour mémoire les créances nées à l'exportation et les créances sur marchés publics qui font l'objet de procédures particulières. Enfin, l'entreprise peut également recourir à l'affacturage déjà évoqué.

A. – l'escompte

1°). – La procédure d'escompte

La procédure d'escompte a comme support les effets de commerce, c'est-à-dire principalement les lettres de change ou les billets à ordre utilisés comme modes de règlement. L'entreprise qui a besoin de fonds, transmet à la banque en les endossant, les effets qu'elle désire mobiliser. La banque en contrepartie crédite le compte de l'entreprise des sommes inscrites sur les effets, minorées des agios qu'elle prélève pour se rémunérer ; elle sera remboursée de son crédit à l'échéance de la créance. En cas de non-paiement de la créance, la banque se retourne contre l'entreprise.

Les possibilités d'escompte d'une entreprise sont limitées par plusieurs contraintes :

1) l'entreprise ne peut mobiliser que les créances commerciales qui sont sous forme d'effets ;

2) les effets, compte tenu des usages bancaires ne sont mobilisables que s'ils ont une échéance maximale de 90 jours et s'ils satisfont à certaines conditions de signature ;

3) l'entreprise négocie avec sa banque un plafond d'escompte qui est fonction de son volume d'activité exprimé en nombre de jours de chiffre d'affaires, des modes de règlement des clients, des délais, du risque présenté par certains clients et de son risque global.

Outre la procédure classique de l'escompte, il existe une forme particulière d'escompte, dite *escompte indirect ou escompte fournisseurs* ; dans ce dernier cas, le fournisseur endosse l'effet à l'ordre du client. Ce dernier escompte l'effet auprès de la banque et utilise le crédit pour payer le fournisseur. A l'échéance, la banque prélève le montant de l'effet sur le compte du client. Cette procédure est avantageuse lorsque le client bénéficie de conditions bancaires plus favorables que celles du fournisseur.

2°). — Le coût de l'escompte

Le calcul des frais financiers entraînés par l'escompte se fait en fonction du taux appliqué et du nombre de jours décomptés. Cependant, le montant des agios retenus par la banque a un montant minimum fixe, révisé périodiquement et imposé de façon à dissuader les entreprises d'escompter des traites de faible montant.

a) Le taux applicable

Le taux nominal appliqué pour évaluer les frais financiers comprend les éléments suivants : le *taux de base bancaire* TBB ou le PIBOR (Paris Interbank Offered Rate), la *commission d'endos* (0,60 %), la *majoration spécifique* fonction de la nature du crédit (0,40 %) et la *majoration catégorielle*.

Le TBB est défini par chaque banque en fonction de l'ensemble des crédits à court terme qu'elle accorde. Ce taux est normalement spécifique à chaque banque. En pratique cependant, il y a alignement des différents établissements bancaires et l'on peut parler d'un taux de base bancaire. Ce taux varie en fonction des conditions du marché. Le TBB est le plus souvent remplacé pour les grandes entreprises par le PIBOR ou TIOP (Taux interbancaire offert à Paris), qui est établi à partir des taux communiqués par les établissements bancaires les plus représentatifs et dont la liaison avec les conditions du marché monétaire est beaucoup plus immédiate.

La *majoration catégorielle* est fonction du risque présenté par l'entreprise. Les banques utilisent différentes grilles pour l'estimer, fondées sur différents critères dont notamment la taille, la profitabilité et l'endettement.

Le taux est appliqué proportionnellement au nombre de jours décomptés et en considérant qu'il y a 360 jours par an, nombre de jours retenus conventionnellement par les banques.

b) Le décompte des jours

L'effet remis à l'escompte est crédité en valeur le lendemain du jour de remise. Le nombre de jours d'agios est égal au nombre de jours J (bornes incluses) séparant la date de crédit en compte (valeur) et la date d'échéance, auquel on ajoute un jour supplémentaire dénommé *jour de banque*. Un minimum de dix jours d'agios est décompté.

c) Taux actuariel et coût réel de l'escompte

L'évaluation du coût réel de l'escompte doit tenir compte de plusieurs facteurs :

- les agios sont *précomptés*, c'est-à-dire que le capital réellement prêté est minoré du montant des agios ;

- l'année réelle a 365 ou 366 jours ;

- la durée réelle du financement par escompte doit être évaluée par rapport à la situation qu'aurait connue l'entreprise si elle n'avait pas escompté l'effet. En supposant qu'elle remette l'effet au moins 6 jours avant l'échéance, elle n'est créditée en valeur que 4 jours après la date d'échéance. La durée du crédit s'étend de la date de crédit en cas d'escompte (incluse) à la date d'encaissement (exclue). L'escompte permet ainsi un gain de trois jours par rapport au nombre de jours J décomptés et de deux jours si on tient compte du jour de banque.

Le coût réel de l'escompte s'évalue de façon actuarielle. Le taux actuariel quotidien t_q représente le taux tel que sur la durée du crédit, la VAN du financement soit nulle. Soit M le montant de l'effet escompté, FF le montant des agios et J la durée qui s'écoule

---

encadré 2.2

exemple d'évaluation du coût de l'escompte

Un effet d'un montant M = 100 000 F est remis à l'escompte le 1er mars. Il est crédité le lendemain. L'échéance est fixée le 20 mars. Le taux nominal annuel applicable est de i = 12 %. Le nombre de jours J (bornes incluses) séparant la date de crédit du 2 mars de l'échéance est de 19 jours. Compte tenu du jour de banque, le nombre de jours décomptés sera de 20 jours et le montant des frais financiers de :

$$FF = \frac{M.\ i.\ (J + 1)}{360} = \frac{100\ 000 \times 12\ \% \times 20}{360} = 666,67\ F$$

Pour évaluer le taux actuariel, il faut déterminer la durée réelle de financement. La durée du crédit s'étend du 2 mars date du crédit, à la date d'encaissement prévue, soit le 24 mars compte tenu des quatre jours de valeur. Le financement porte sur 22 jours, le 24 mars n'étant pas inclus. Par rapport à J, il y a bien un gain de trois jours.

$$M - FF = \frac{M}{(1 + t_q)^{J+3}} \text{ d'où } 100\ 000 - 666,67 = \frac{100\ 000}{(1 + t_q)^{22}}$$

t_q le taux actuariel quotidien est de 0,03041 %, soit un taux annuel actuariel t_a équivalent évalué sur 365 jours de :

$$t_a = (1 + t_q)^{365} - 1 = 11,7\ \%$$

Le taux actuariel apparaît inférieur au taux nominal malgré le précompte des agios, à cause du gain sur les jours décomptés.

entre la date de crédit en valeur et la date d'échéance, le taux actuariel quotidien t_q s'obtient par :

$$M - FF = \frac{M}{(1+t_q)^{J+3}}$$

et le taux équivalent annuel t_a est de : $t_a = (1 + t_q)^{365} - 1$

3°). — Avantages et inconvénients de l'escompte

Trois avantages principaux expliquent le succès de l'escompte : 1) il s'obtient facilement, compte tenu des garanties qu'il présente ; 2) son coût est généralement faible à condition de ne pas escompter de traites d'un trop faible montant ; 3) la procédure de recouvrement est assurée par la banque.

Il comporte cependant des inconvénients. L'émission et la gestion des traites entraînent des coûts administratifs et des coûts bancaires relativement élevés. Par ailleurs, l'escompte est une forme de crédit qui manque de souplesse. Selon l'évolution de son activité et la composition de son portefeuille d'effets, l'entreprise n'est pas toujours à même de financer son besoin de trésorerie. En outre, en cas d'erreur dans les prévisions, les risques de *sous* ou de *surmobilisation* sont importants.

B. – les autres formes de mobilisation de créances

Il s'agit principalement du CMCC (crédit de mobilisation des créances commerciales) et du crédit Dailly. Le CMCC a été créé pour remédier à certains inconvénients de l'escompte ; en particulier, il permet de dissocier le recouvrement des créances et leur mobilisation et possède une assiette plus large, puisque le montant des créances est mobilisable, quel que soit le mode de règlement utilisé. Il n'est applicable cependant qu'aux créances métropolitaines et privées et est exclusif de l'escompte. Sa mise en place se fait par création d'un billet de trésorerie émis à l'ordre d'une banque et représentatif d'un ensemble de créances. Il a rencontré peu de succès compte tenu de sa complexité et de la faiblesse des garanties offertes aux banques.

Le crédit Dailly a été créé plus récemment afin de pallier les inconvénients du CMCC et d'élargir encore l'assiette de mobilisation. Les créances ne peuvent être cédées (ou nanties) qu'au profit d'un établissement de crédit. Leur nature importe peu ; elles peuvent être commerciales ou non, à court, moyen ou long terme, sur la France ou sur l'étranger, nées ou à naître, à condition qu'elles soient déterminables avec une précision suffisante. La cession s'opère par la remise à l'établissement de crédit d'un bordereau réunissant une ou plusieurs créances. Les techniques de crédit associées à la procédure Dailly sont diverses : crédit par caisse, escompte direct du bordereau, escompte d'un billet...

■ § 2. – les crédits de trésorerie

Le financement du BFDR d'exploitation peut également être assuré par des crédits de trésorerie. Ils ont parfois pour objet de financer des besoins spécialisés : crédit de campagne (besoin lié à la saisonnalité de l'activité), crédit de stockage, crédits de préfinancement des marchés publics ou à l'exportation... Cependant, le plus souvent, ils sont accordés pour financer un besoin non spécifié. Ils sont alors accordés en fonction des besoins et de la situation financière de l'entreprise et revêtent soit la forme de billets soit la forme d'*avances en compte*, c'est-à-dire de *découverts*. On qualifie également ces derniers de *crédits par caisse*.

A. – les crédits de trésorerie sous forme de billets

La réalisation du crédit se fait sous forme *revolving* (les billets étant renouvelables), par mobilisation de billets d'une durée mini-

---

encadré 2.3

le coût réel d'un financement par crédit de trésorerie (billet)

Exemple : Soit M= 100 000 F le montant d'un billet de trésorerie remis en compte le 1er mars et crédité en valeur le 2 mars ; le taux nominal annuel i est de 12 % ; J = 19 jours. L'échéance a lieu le 20 mars. Le montant des intérêts précomptés est de :

$$FF = \frac{M.\,i.\,(J + 1)}{360} = \frac{100\,000 \times 12\,\% \times 20}{360} = 666{,}67\ F$$

La durée réelle de mise à disposition des fonds se termine le 18 mars, puisque le débit en valeur se produit le 19 mars. La durée réelle financée n'est que de 17 jours. Le montant du débit inclut la commission de mouvement d'un montant de 25 F. Le taux actuariel quotidien t_q est de :

$$100\,000 - 666{,}67 = \frac{100\,025}{(1 + t_q)^{17}}\ \text{d'où } t_q = 0{,}04083\,\%$$

Le taux actuariel annuel t_a équivalent calculé sur 365 jours est de 16,06 %.

Ce taux apparaît beaucoup plus élevé que celui du financement du besoin équivalent par escompte (11,7 %). Cet écart est dû au jeu des jours de valeurs et aux différences entre la durée réelle de financement et celle retenue pour évaluer le coût. Les financements de courte durée sont onéreux s'ils sont assurés par billets de trésorerie.

male de 10 jours et maximale de 90 jours. Le coût du crédit dépend du taux nominal proche de celui de l'escompte. Les intérêts sont *précomptés* comme dans tout financement par recours à des billets.

La détermination du coût réel d'un crédit de trésorerie se fait en fonction du jeu des différentes dates de valeur et des commissions.

- le crédit en compte se fait le plus souvent, un jour de valeur après la remise ;
- le débit se fait veille échéance ;
- une *commission de mouvement* de 0,025 % est perçue lors du remboursement.

Le nombre de jours décomptés est égal à la durée J s'écoulant entre la date d'échéance et la date de crédit en compte (bornes comprises), augmentée également d'un jour de banque. La date du débit intervenant la veille de l'échéance, la durée réelle de mise à disposition des fonds n'est que de J - 2 jours.

B. – les crédits de trésorerie par avance en compte

1°). — Généralités

Le crédit par *avance en compte* ou *découvert* est la forme la plus souple de crédit de trésorerie, puisque le *financement s'adapte strictement au besoin à financer*. La durée du découvert peut être très brève et constituer une *facilité de caisse*. Elle peut également s'étendre sur plusieurs mois et se substituer aux autres formes de crédits de trésorerie. L'entreprise négocie alors un *plafond de découvert* et peut éventuellement obtenir *confirmation*, c'est-à-dire un engagement du banquier pour un certain montant, moyennant versement d'une commission. Le plus souvent cependant, les découverts résultent d'accords verbaux et sont non confirmés ; ils sont donc fondamentalement risqués.

2°). — Le coût du découvert

Le mode d'évaluation du coût du découvert diffère de celui des crédits par billets.

a) Le calcul des agios

La banque établit trimestriellement un relevé des opérations bancaires classées par dates de valeur en mouvements et en soldes. Ce relevé constitue *l'échelle d'intérêts*, qui permet d'évaluer les intérêts dus par l'entreprise à la suite de l'utilisation du découvert. Le calcul des intérêts s'effectue par application du taux nominal du découvert aux *nombres débiteurs*. Les agios sont versés en fin de trimestre.

encadré 2.4

l'évaluation des agios sur découvert

Dans l'échelle d'intérêts qui suit, le classement des soldes a été fait à partir des dates de valeur. Pour chaque solde, le nombre de jours de valeurs qui le sépare du solde suivant a été calculé. Par exemple, il y a 16 jours de valeurs entre le solde du 30 juin et le solde du 16 juillet. Les *nombres débiteurs* ou *créditeurs* selon le cas, se calculent en multipliant le solde par le nombre de jours divisé par 100. Ainsi, on obtient pour le premier solde 5 000 x 16 / 100 = 800, comme nombre débiteur.

tableau 2.2

évaluation du coût du découvert

Dates d'opération	Dates de valeur	Libellés	Mouvements		Soldes		Nombre de jours	Nombres	
			Débit	Crédit	Débit	Crédit		Débit	Crédit
30/6	30/6	A nouveau	5 000,00		5 000,00		16	800	
15/7	16/7	Remise chèque		7 000,00		2 000,00	16		320
28/7	1/8	Remise à l'escompte		2 900,00		4 900,00	16		784
18/8	17/8	Chèque n° xxx	10 000,00		5 100,00		44	2 244	
30/9	30/9	Total nombres						3 044	1 104
30/9	30/9	Intérêts débiteurs	84,56						
		Commission PFD	7,60						
		Commission de mouvement	2,50						
		TVA	0,47						
		Solde débiteur	5 195,12						
30/9		A nouveau	5 195,12						

Le total des intérêts débiteurs du trimestre se calcule en multipliant le total des nombres débiteurs par le taux d'intérêt nominal du découvert i (dans l'exemple 10 %), rapporté à la journée, soit :

Intérêts débiteurs = total nombres débiteurs x (i / 360) = 3044 x 10 / 360 = 84,56

Les soldes créditeurs ne sont pas rémunérés ; dans le cas contraire, la même méthode serait applicable.

b) Le taux du découvert

Le taux applicable comprend trois composantes : taux de base bancaire ou PIBOR, majoration spécifique (1,45 %) et majoration catégorielle. La majoration catégorielle dépend de la situation financière de l'entreprise. L'amplitude des taux pratiqués est plus élevée que pour l'escompte, compte tenu du caractère subjectif de ce type de concours.

c) Les commissions

L'évaluation finale des agios fait intervenir outre les intérêts débiteurs, différentes commissions.

La *commission de plus fort découvert* (commission PFD) s'applique sur le solde débiteur le plus élevé de chacun des mois du trimestre. Elle est de 0,05 % et est plafonnée à la moitié des intérêts débiteurs. Dans l'exemple précédent, elle se calcule de la façon suivante :

Solde débiteur maximum de juillet	5 000
Solde débiteur maximum d'août	5 100
Solde débiteur maximum de septembre	5 100
Total	15 200
Commission PFD = 15 200 x 0,05 % = 7,60 F	

Les mouvements débiteurs sont par ailleurs soumis à la *commission de mouvement* ou *commission de compte* de 0,025 %. Dans l'exemple, la somme des mouvements débiteurs étant de 10 000 ; la commission de mouvement est de 10 000 x 0,025 % = 2,50 F. Cette commission est soumise à une TVA de 18,6 %. La banque peut également prélever des frais de tenue de compte.

d) Le coût réel du découvert

Le coût réel du découvert s'évalue sous forme de taux actuariel. Poursuivons l'exemple utilisé pour évaluer le coût réel du financement par escompte et du crédit de trésorerie et supposons que le financement de 100 000 F, ait été assuré du 1er mars au 20 mars par découvert au taux nominal de 12,55 % (compte tenu de la majoration spécifique). On suppose le découvert remboursé le 21 mars.

Les agios sont alors de : 747,22 F
- intérêts : FF = 100 000 x 12,55 % x 20/360 = 697,22 F
- commission PFD : 100 000 x 0,05 % = 50 F

En supposant que le paiement des agios se fasse le 31 mars, dernier jour du relevé bancaire trimestriel (*), le taux actuariel quotidien t_q est de :

$$100\ 000 = \frac{100\ 000}{(1 + t_q)^{20}} + \frac{747,22}{(1 + t_q)^{31}} \text{ d'où } t_q = 0,03708 \%$$

soit un taux actuariel annuel équivalent de t_a = 14,49 %. Le découvert apparaît dans ce cas plus coûteux que le financement par escompte, mais moins onéreux que le crédit de trésorerie.

_____

(*) La disparition du besoin le 20 mars équivaut à un remboursement.

3°). — Avantages et inconvénients du découvert

L'avantage principal du découvert réside dans sa souplesse d'utilisation ; le financement assuré couvre exactement le besoin. Ses inconvénients sont liés à son taux nominal qui est plus élevé que ceux de l'escompte et des crédits de trésorerie et à la commission de plus fort découvert. Cependant, il peut dans certains cas avoir un coût réel inférieur à celui des autres modes de financement, car les intérêts sont post comptés et que pour de faibles durées ou pour de faibles montants, le coût des financements par billets se révèle souvent prohibitif.

les principales formes de placement

Les entreprises disposent d'un vaste choix pour placer leurs fonds excédentaires. Les critères qui interviennent pour choisir une forme de placement font intervenir la rentabilité et le risque. Pour les placements à court terme, la liquidité représente un facteur déterminant. Le statut fiscal des différents placements joue également un rôle très important. A côté des formes traditionnelles que sont les placements directs sous forme d'achats d'actions ou d'obligations, les entreprises peuvent avoir recours aux produits bancaires ou à certaines formes collectives d'épargne telles que les *Sociétés d'investissement à capital variable* (SICAV) ou les *Fonds communs de placement* (FCP). De nombreux produits traités sur le marché monétaire est de plus été créés ces dernières années.

§ 1. — les produits traditionnels : bons d'épargne, bons de caisse et comptes à terme

Le Trésor, les Caisses d'épargne, le Crédit agricole et divers organismes émettent des bons d'épargne qui portent intérêt progressif et sont remboursables suivant des échéances variables, fixées à la création. Le terme le plus élevé est de cinq ans.

Les *bons de caisse* sont émis principalement par les banques. Ils sont réglementés dans les mêmes conditions que les *comptes à terme* qui sont constitués par des sommes bloquées auprès des banques. Leur rémunération est libre au-delà d'un mois de blocage et est déterminée par le taux du marché monétaire diminué d'une marge.

■ § 2. — les formes collectives de placement

Les SICAV ont été créées pour gérer collectivement l'épargne. Leur capital est ouvert à tous et varie à tout moment en fonction des retraits ou des souscriptions. Les objectifs des SICAV sont très divers. Les SICAV de court terme se sont spécialisées pour répondre aux besoins de placements à court terme et privilégient la sécurité et la régularité. Elles sont classées en trois catégories, les SICAV *sensibles* dont les placements sont composés pour l'essentiel d'obligations, les SICAV *monétaires* dont la rentabilité est proche des placements sur le marché monétaire et les SICAV *régulières* qui présentent un profil intermédiaire.

Les FCP sont des copropriétés de valeurs mobilières sans personnalité morale. Ils sont de taille plus réduite et sont généralement plus spécialisés et moins liquides que les SICAV. Certains FCP sont spécialisés dans les placements de court terme avec un objectif prioritaire de sécurité.

■ § 3. — les titres du marché monétaire

Le *marché monétaire* comprend deux segments, le *marché interbancaire* réservé aux établissements de crédit et à certains organismes financiers et le *marché des titres de créances négociables* ouvert à l'ensemble des agents économiques et où il est possible de réaliser des placements sous forme de *certificats de dépôt,* de *billets de trésorerie,* de *bons du Trésor* ou de *bons d'institutions financières spécialisées* (bons IFS). Ces bons sont à court terme ou à moyen terme ; l'horizon couvert va de 10 jours à 7 ans. Leur montant unitaire minimal est de 1 MF.

Les certificats de dépôts sont émis par les banques et les bons IFS par certaines institutions financières (Crédit National, CEPME, Crédit Foncier, SDR...). Leur rentabilité est proche de celle du marché monétaire. Les billets de trésorerie émis par les entreprises ont déjà été évoqués comme forme de financement ; de façon symétrique, ils constituent une forme de placement. Les placements les plus importants se font sous forme de bons du Trésor.

la planification financière à court terme

La planification financière à court terme s'effectue sur deux horizons : un horizon annuel qui permet de définir le cadre de la gestion de trésorerie et un horizon infra annuel nécessaire à la *gestion au jour le jour.*

■ § 1. – le plan de trésorerie

A l'instar du plan de financement dont le but est d'assurer la cohérence des décisions financières à long terme, le *plan de trésorerie* est un outil d'aide à la coordination des décisions courantes d'exploitation et de financement, à l'intérieur du cadre pluriannuel défini par le plan de financement. Il constitue également un instrument de contrôle et d'aide à la négociation des concours bancaires courants.

L'horizon de planification est le plus souvent annuel, avec un découpage mensuel. Le plan de trésorerie permet ainsi de déterminer mois par mois, les déséquilibres qui peuvent survenir ponctuellement entre les ressources et les emplois stables et de prendre les mesures, notamment de financement à court terme qui permettent d'y faire face.

Le plan de trésorerie ne permet cependant pas de prendre les décisions au jour le jour pour lesquelles il est nécessaire de travailler sur un horizon beaucoup plus court. Son rôle est principalement de déterminer le profil annuel de la trésorerie et de négocier en conséquence, les concours bancaires nécessaires.

La construction du plan de trésorerie se fait en deux étapes. La première étape conduit à évaluer le profil annuel des besoins de trésorerie, hors incidence des modes de financement à court terme. La seconde étape consiste en la mise en place des financements à court terme, en prenant en compte l'incidence des frais financiers qu'ils induisent.

A. – la détermination des besoins de trésorerie

1°). – Un tableau prévisionnel de flux de trésorerie

Les besoins de trésorerie sont le plus souvent évalués à partir d'un tableau de flux de trésorerie prévisionnels constituant le plan de trésorerie et recensant les encaissements et les décaissements mensuels sur les douze mois à venir. Ce plan peut et doit être révisé périodiquement ; il est le plus souvent fait sur un horizon glissant avec une réactualisation périodique.

2°). — Le plan de trésorerie avant mise en place des financements à court terme

La structure la plus répandue du plan de trésorerie s'appuie sur la distinction entre les flux qui résultent des opérations d'exploitation et ceux associés aux opérations hors-exploitation. Si l'entreprise dispose d'un système budgétaire complet, l'élaboration du plan de trésorerie sera l'aboutissement final du processus budgétaire. Le plan sera constitué à partir des informations contenues dans les différents budgets (investissements, ventes, achats, charges de personnel, etc.).

Le besoin de financement correspond à la trésorerie finale qui prend en compte outre le solde mensuel des flux, la trésorerie initiale. Au début de l'année, cette dernière est constituée par la trésorerie évaluée par FDR fonctionnel - BFDR global.

B. – la mise en place des financements et le plan de trésorerie final

Connaissant le besoin prévisionnel à financer, l'entreprise doit mettre en place les financements nécessaires. Le choix entre les

tableau 2.3

la structure du plan de trésorerie

Mois	Janvier	Février	...
Flux de trésorerie d'exploitation			
Encaissements			
Ventes France TTC Ventes export Avances reçues sur commandes Subventions d'exploitation Autres			
Décaissements			
Achats TTC Charges de personnel Autres charges externes Impôts et taxes TVA décaissée			
Solde d'exploitation			
Flux de trésorerie hors exploitation			

Encaissements Produits financiers Augmentation de capital Prêts et crédits à long et moyen terme Cessions d'actifs Subventions d'équipement			
Décaissements			
Investissements TTC Remboursements d'emprunts à long et moyen terme Dividendes Frais financiers Impôt sur les bénéfices Autres			
Solde hors exploitation			
Trésorerie initiale			
Trésorerie finale			
Actifs de trésorerie			
Placements Encaisse			
Concours bancaires courants			
Mobilisation créances commerciales France Mobilisation créances commerciales export Crédits de trésorerie par billets Découverts Autres			

différents modes de financement se fera en fonction de différents critères : disponibilité, coût, souplesse. Le plus souvent, la hiérarchie est la suivante : mobilisations de créances, crédits de trésorerie, découvert. Elle varie cependant en fonction de la durée du besoin, des plafonds respectifs de chaque mode de financement et de la régularité du solde à financer.

Le plan de trésorerie doit prévoir une *réserve de flexibilité* afin de faire face à une évolution défavorable ou favorable de l'activité. Le niveau de flexibilité nécessaire peut s'évaluer par simulation à partir de plusieurs hypothèses. Dans le cas le plus probable, si l'équilibre ne peut être assuré avec les possibilités de financement à court terme actuelles de l'entreprise, ou si ces dernières couvrent tout juste les besoins, il faut agir sur les décisions de long terme, par exemple en consolidant la structure financière par un renforcement du fonds de roulement fonctionnel.

▬ § 2. — la gestion de trésorerie au jour le jour

A. – les objectifs de la gestion de trésorerie au jour le jour

La gestion de la trésorerie au jour le jour repose sur plusieurs types de décisions : actions sur les flux d'encaissement et de décaissement, arbitrages entre banques, choix des modes de financement ou des formes de placement les plus appropriés. L'objectif de cette gestion est, soit de minimiser le coût global du financement à court terme (arbitrage entre les différents modes de financement), soit d'obtenir la meilleure rémunération possible en cas de trésorerie positive, tout en satisfaisant aux contraintes de flexibilité qui lui sont imposées. Les paramètres à prendre en compte sont multiples : caractère aléatoire des flux, variabilité des conditions bancaires (jours de valeurs, commissions, coûts des financements) et des rémunérations des placements. L'optimisation de la gestion de la trésorerie nécessite en conséquence un outil de prévision.

B. – la prévision en matière de gestion de trésorerie au jour le jour

Compte tenu de la durée de certaines formes de financement, les spécialistes de la gestion de trésorerie estiment qu'il est nécessaire d'établir un premier plan sur un horizon de quatre à cinq mois, organisé par décade et révisé mensuellement de façon glissante. Ce premier document peut être tenu, soit en dates d'opérations, soit et de préférence à partir des dates de valeur des mouvements principaux (échéances principales, paiement des salaires et des charges sociales, TVA). Il doit être complété par un second document établi obligatoirement en dates de valeur, le plus souvent sur un horizon mensuel, et sur lequel seront fondées les décisions. Dans le cas le plus fréquent où l'entreprise a recours aux services de plusieurs banques, il sera nécessaire d'avoir un document prévisionnel par banque et un document centralisé.

L'information à la base de la prévision en valeur est constituée par l'information comptable. Toutefois, elle devra être complétée par toute information de nature extra comptable permettant d'appréhender les flux : études statistiques des différents flux, recherche d'information directe (téléphone, télématique) auprès des créanciers, des débiteurs et des banques, etc.

C. – le contrôle et le diagnostic de la gestion

Le contrôle peut s'effectuer par confrontation des réalisations aux prévisions. Il doit porter également sur les conditions appliquées par les banques afin de détecter les erreurs éventuelles qu'elles peuvent commettre. Ce contrôle s'effectue à partir des échelles d'intérêts.

Par ailleurs, il est possible d'apprécier *a posteriori,* la performance de la gestion de trésorerie par rapport au résultat le meilleur qu'il aurait été possible d'obtenir sur la base des flux réalisés et en considérant le solde fusionné des différents comptes bancaires de l'entreprise. La différence entre cet optimum impossible à atteindre et le résultat permet d'évaluer l'enjeu de la gestion de trésorerie ainsi que la rentabilité des investissements dans ce domaine.

D. – les logiciels de gestion de la trésorerie

Plusieurs sociétés ont mis au point des logiciels de gestion de trésorerie qui permettent en particulier d'automatiser la gestion manuelle en dates de valeur, d'effectuer des prévisions en dates de valeur et d'automatiser le contrôle des conditions de banque. Ils comportent également le plus souvent, des fonctions d'aide à la décision et au diagnostic.

---

résumé

1) La gestion financière à court terme est subordonnée à la gestion financière à long terme. Elle comprend la gestion des actifs circulants et le choix des concours bancaires courants et s'exerce simultanément sur un horizon annuel et infra annuel, pouvant aller jusqu'à la gestion au jour le jour.

2) La détention de stocks s'explique par divers motifs : transaction, précaution, spéculation, rationalisation de la production. La rentabilité de l'investissement en crédit client doit s'apprécier de façon différentielle. La gestion du crédit client consiste à minimiser le montant de l'encours et les coûts liés au paiement et à limiter le risque de non-recouvrement. Il faut notamment gérer le float.

3) Les financements de l'encours client s'appuient notamment sur l'escompte, le CMCC et la cession Dailly. Les crédits de trésorerie sont soit spécialisés (crédits de stockage, de campagne...), soit non spécialisés (les « découverts »). Le coût réel des financements s'évalue par le taux actuariel et diffère sensiblement du taux nominal. Il dépend du jeu des dates de valeur et des conditions bancaires qui sont fixées en fonction du coût de l'argent sur le marché, de la nature du crédit et des caractéristiques de l'emprunteur.

4) Les principales formes de placement sont constituées par les produits traditionnels (comptes à terme...), les formes collectives de placement (SICAV, FCP) et les titres du marché monétaire.

5) La planification financière à court terme se fait sur deux horizons, annuel et infra annuel. Le plan de trésorerie est le plus souvent annuel avec un découpage mensuel. La gestion de la trésorerie au jour le jour a pour objectifs de minimiser le coût global du financement à court terme et d'obtenir la meilleure rémunération en cas d'excédent. Elle se fait à partir des dates de valeur.

BIBLIOGRAPHIE

Ouvrages généraux

R.A. BREALEY et S.C. MYERS, *Principles of corporate finance,* McGraw-Hill, 4ᵉ éd., 1991.

G. CHARREAUX, *Gestion financière,* Litec, 4ᵉ éd., 1993

B. COLASSE, *Gestion financière de l'entreprise,* PUF, 3ᵉ éd., 1993.

G. DEPALLENS et J.-P. JOBARD, *Gestion financière de l'entreprise,* Sirey, 10ᵉ éd., 1990.

M. LEVASSEUR et A. QUINTART, *Finance,* Economica, 2ᵉ éd., 1992.

R. PORTAIT et P. NOUBEL, *Les décisions financières dans l'entreprise,* PUF, 3ᵉ éd., 1991.

S.A. ROSS, R.W. WESTERFIELD, J.F. JAFFE, *Corporate finance,* Irwin, 2ᵉ éd., 1990.

P. VERNIMMEN, *Finance d'entreprise, Analyse et gestion,* Dalloz, 5ᵉ éd., 1991. — *Finance d'entreprise, Logique et politique,* Dalloz, 3ᵉ éd., 1989.

Ouvrages plus spécialisés

F. AFTALION et P. PONCET, *Les futures sur taux d'intérêt : le MATIF,* PUF, 1991.

M. ALBOUY et P. DUMONTIER, *La politique de dividende des entreprises,* PUF, 1992.

M. ALBOUY, *Financement et coût du capital des entreprises,* Eyrolles, 1991.

E. COHEN, *Analyse financière,* Economica, 2 ᵉ éd., 1990.

V. DEBELS, G. DESMULIERS et B. DUBUS, *Les risques financiers de l'entreprise,* Economica, 1992.

E. GINGLINGER, *Le financement des entreprises par le marché des capitaux,* PUF, 1991.

B. HUSSON et H. JORDAN, *Le choix des investissements,* Delmas & Cie, 1988.

B. JACQUILLAT et B. SOLNIK, *Marchés financiers : gestion de portefeuille et des risques,* Dunod, 1989.

LAMY, *Droit du financement,* 1993.

P. NAVATTE, *Instruments et marchés financiers,* Litec, 1992.

J. PILVERDIER-LATREYTE, *Le marché financier français,* Economica, 3e éd., 1991.

A. QUINTART et R. ZISSWILLER, *Investissements et désinvestissements de l'entreprise,* Dalloz, 1982.

GLOSSAIRE
DES TERMES PRINCIPAUX

Autofinancement et capacité d'autofinancement CAF. La CAF représente la capacité d'une entreprise à se financer par elle-même, au moyen de fonds propres internes. L'autofinancement est égal à la CAF diminuée du dividende prélevé. La CAF est parfois appelée cash-flow.

Besoin en fonds de roulement ou BFDR. Le BFDR d'exploitation correspond au besoin de financement lié aux opérations d'exploitation (achat, production, ventes). Il existe également un BFDR hors-exploitation qui regroupe les postes du bilan non liés au cycle d'exploitation et instables. Le BFDR global regroupe le BFDR d'exploitation et le BFDR hors-exploitation.

Bêta. Le coefficient bêta ou coefficient de sensibilité mesure la sensibilité de la rentabilité d'un titre aux fluctuations de la rentabilité du marché ; il rend compte du risque systématique encouru sur les capitaux propres. Le bêta économique représente la même notion en neutralisant l'incidence de l'endettement sur le risque.

Bilan financier. Le bilan financier oppose l'actif économique au pool de ressources constitué par les capitaux propres et les dettes financières.

Bilan fonctionnel. Le bilan fonctionnel évalué à partir des valeurs brutes a pour objectif d'analyser la politique financière suivie par l'entreprise. Il est structuré autour des notions de fonds de roulement fonctionnel, de besoin en fonds de roulement et de trésorerie.

Bilan patrimonial. Le bilan patrimonial propose une lecture du bilan destinée principalement aux tiers. Il repose sur les notions de solvabilité, d'exigibilité et de liquidité.

Coût des fonds propres. Il équivaut au taux de rentabilité des capitaux propres requis par les actionnaires. Il est composé du taux sans risque, d'une prime de risque d'exploitation, d'une prime de risque financier et d'une prime de risque de faillite. Il s'accroît avec l'endettement.

Coût moyen pondéré du capital. Il représente le coût moyen de finance-ment de l'entreprise et constitue le taux d'actualisation à utiliser pour évaluer la VAN à condition que l'investissement présente le même risque que le risque moyen de l'entreprise. Dans le cas con-traire, il faut évaluer un coût moyen pondéré spécifique. Il s'obtient par pondération entre les coûts des différentes sources de finance-ment.

Duration. Il s'agit d'un indicateur représentant la durée de vie moyenne d'un emprunt en tenant compte de l'actualisation. Elle permet de mesurer le risque de taux et est très proche de la notion de sensibilité.

Excédent brut d'exploitation ou EBE. Il s'agit d'un des principaux soldes du tableau des soldes intermédiaires de gestion. Il représente le flux de fonds issu des opérations d'exploitation et permet d'apprécier la profitabilité d'exploitation.

Effet de levier d'exploitation. Il permet d'apprécier la sensibilité du résultat d'exploitation aux fluctuations du niveau d'activité et dépend de la structure des charges d'exploitation (fixes et variables). Toutes choses égales par ailleurs, plus le niveau des charges fixes est élevé, plus la sensibilité et l'effet de levier d'exploitation sont prononcés.

Effet de levier financier. Il traduit l'incidence de l'endettement sur le taux de rentabilité des capitaux propres. Si le taux de rentabilité économique est supérieur au coût de la dette, il joue positivement.

Excédent de trésorerie d'exploitation ou ETE. Il mesure le flux de trésorerie sécrété par le cycle d'exploitation. Il est égal à EBE - variation du BFDR d'exploitation.

Fonds de roulement fonctionnel. Le FDR fonctionnel est égal à la dif-férence entre les ressources acycliques stables et les emplois acycli-ques stables. Il est destiné à financer le BFDR d'exploitation. S'il le couvre, l'équilibre financier est supposé réalisé.

Fonds de roulement patrimonial. Le FDR patrimonial se détermine par différence entre l'actif circulant et les dettes à court terme. Il cons-titue une mesure du risque de faillite fondée sur l'approche patrimo-niale en termes d'exigibilité et de liquidité.

Marché à terme international de France ou MATIF. Le MATIF a notam-ment pour rôle de permettre la couverture du risque de taux d'intérêt en facilitant les transactions sur des contrats à terme standardisés.

Modèle d'équilibre des actifs financiers ou MEDAF. Le MEDAF permet de valoriser le risque. Selon la relation fondamentale qui le définit, le taux requis sur un actif risqué est égal au taux sans risque plus une prime de risque qui dépend du risque de marché ; $R_c = R_F + \beta_c.[R_M - R_F]$. Il permet ainsi d'évaluer le coût des capitaux propres.

Modèle d'actualisation des dividendes de Gordon et Shapiro. Selon ce modèle, le coût des capitaux propres s'évalue en fonction du rende-ment (dividende/cours) et du taux de croissance du dividende ; $R_c = (DIV_1/P_0) + g$.

Price earnings ratio ou PER ou coefficient de capitalisation des résultats. Le PER permet de valoriser l'action par capitalisation du bénéfice par action : $P_0 = BPA \times PER$.

Plan de financement. Il s'agit du document prévisionnel qui regroupe les flux de fonds d'emplois et ressources et permet de s'assurer de la cohérence du plan de développement de l'entreprise et de négocier les financements stables nécessaires.

Plan de trésorerie. Établi le plus souvent sur un horizon annuel avec un découpage mensuel, il permet d'apprécier les besoins à financer au moyen de concours bancaires courants et de les négocier.

Principe d'affectation. Selon ce principe à la base du bilan fonctionnel, les emplois stables doivent être financés par des ressources stables ou de façon équivalente, le FDR fonctionnel doit couvrir le BFDR d'exploitation pour que l'équilibre financier soit réalisé.

Risque d'exploitation. Il s'agit du risque qui trouve son origine dans la variabilité du résultat d'exploitation et du taux de rentabilité économique. Il peut s'appréhender en liaison avec l'effet de levier d'exploitation et la position par rapport au point mort d'exploitation.

Risque de faillite ou d'illiquidité. Il s'agit du risque lié à l'incapacité pour une entreprise de faire face au remboursement des dettes.

Risque de taux d'intérêt. Il s'agit du risque associé aux fluctuations des taux d'intérêt. En cas de baisse des taux, la valeur de marché des dettes à taux fixe augmente. Inversement, en cas de hausse des taux, la valeur de marché des placements à taux fixe diminue.

Risque financier. Il trouve son origine dans la variabilité du résultat sur capitaux propres ou du taux de rentabilité des capitaux propres. Il croît avec l'endettement et est la contrepartie du recours à l'effet de levier financier.

Risque systématique ou de marché. Il s'agit du risque de nature macroéconomique encouru par l'ensemble des entreprises. Il ne peut être éliminé par diversification et s'oppose au risque spécifique ou diversifiable. Le coefficient bêta donne une mesure de ce risque.

Tableau d'emplois et ressources ou de financement. Le TER permet d'analyser la politique financière qui a été suivie en termes de flux de fonds d'emplois et de ressources. Il s'articule en fonction de la structure : variation du FDR fonctionnel, variation du BFDR et variation de la trésorerie.

Tableau de flux de trésorerie. Le tableau de flux de trésorerie permet d'analyser la politique financière qui a été suivie en termes de flux de trésorerie. Sa structure s'appuie sur la distinction en cycles d'exploitation, d'investissement et de financement.

Tableau des soldes intermédiaires de gestion ou TSIG. Il permet d'analyser la formation du résultat à partir des soldes les plus significatifs : valeur ajoutée, EBE, résultat économique...

Taux actuariel. Le taux actuariel permet de mesurer le coût réel d'un financement. On le calcule en cherchant le taux d'actualisation qui permet d'égaliser la valeur actualisée des décaissements liés au mode de financement, et le montant des fonds recueillis. Il est généralement différent du taux nominal ou taux facial qui permet de calculer le montant des intérêts.

Taux interne de rentabilité ou TIR. Le TIR d'un investissement s'évalue en cherchant le taux d'actualisation qui permet d'obtenir une valeur actualisée nette nulle. L'investissement est acceptable si le TIR est supérieur au coût moyen pondéré du capital.

Trésorerie. La trésorerie s'obtient par différence entre le fonds de roulement fonctionnel et le BFDR. Si elle est négative, il y a déséquilibre au sens fonctionnel.

Valeur actualisée nette ou VAN. La VAN d'un investissement s'obtient en actualisant les flux de liquidités qu'il sécrète au coût moyen pondéré du capital. Elle correspond à la richesse créée au moyen de l'investissement.

INDEX ALPHABÉTIQUE

TABLE DES MATIÈRES

6751 - Imprimerie LUSSAUD
85200 Fontenay-le-Comte

Dépôt légal janvier 1994
n° 2494